KB180377

생태시민으로 살아가기

LIVING AS ECO-CITIZENS

그린풋 02
생태민주주의시리즈

생태시민으로
살아가기

에코크라시를 향하여

이나미 지음

알렙

들어가는 글

생태위기가 불러온 기후위기, 감염병 등은 정치적·사회적 위기로 이어졌다. 버니 샌더스(Bernie Sanders)에 의하면 기후변화가 테러리즘과 관련 있다는 CIA의 보고가 있다. 앞으로도 기후변화는 전 세계에 국제분쟁을 일으킬 것이라고 한다. 난민 사태도 기후변화와 관련이 있다. 2007년부터 2010년까지 시리아에 닥친 최악의 가뭄과 난민 사태의 상관관계를 분석한 리처드 시거(Richard Seager)는 가뭄이 정치 불안의 촉매로 작용했으며 기후 체계의 교란은 내전 가능성을 2-3배 이상 높이는 것으로 관측된다고 보고했다. 지구온난화가 강수량을 줄이고 토양의 습도를 떨어뜨려 농경이 불가능해지면서 사회가 혼란에 빠졌을 가능성이 있다고 본 것이다(《연합뉴스》, 2015.11.22.).

2020년에 국제분쟁이 39개국에서 발생했는데 그 전해보다 분쟁 수가 5회 증가했고 사상자는 41퍼센트 증가했다. 팬데믹 상황에서도 무기 거래량은 줄지 않고 그대로였다. 2016년부터 2020년까지 최대 무기 수출국은 미국으로, 총수출량의 37퍼센트를 차지했고, 최대 수입국은 사우디아라비아로, 수입 규모의 11퍼센트를 차지했다(서보혁, 2021). 미군은 단일조직으로 전 세계에서 온실가스를 가장 많이 배출한다. 선진국을 포함한 140개 국가들의 온실가스 배출량을 다 합쳐도 미군의 배출량보다 적다. 미 공군 B-52 폭격기 한 대가 한 시간 비행하려면 도시의 평균적 운전자가 승용차를 7년간 몰 정도의 휘발유가 필요하다. 그래서인지 미국은 교토의정서에서 군사 용도의 온실가스 배출을 집계에서 제외했다(조효제, 2020).

그런데 한국은 미국 무기를 가장 많이 수입하는 국가 중 하나다. 지난 10여 년간 한국은 미국 무기 수입국 세계 3위 자리를 지켰다. 2016-2020년간 한국은 전 세계에서 무기 수입국 7위, 무기 수출국 9위를 차지했다. 2021년 한국의 군사력은 세계 6위로 평가되었고, 2022년에는 무기 수출국 8위로 올라섰다(《프레시안》, 2020.8.22;《연합뉴스》, 2021.12.20; 정욱식, 2021;《조선일보》, 2022.7.4). 군사비 지출 비중도 세계 상위권이다. 국방비가 정부 재정에서 차지하는 비중은 2018년 기준 12.4퍼센트로, 일본 2.5퍼센트, 중국 5.5퍼센트, 대만 10.3퍼센트, 미국 9.0퍼센트, 이스라엘 11.1퍼센트보다도 높은 수치다(《오마이뉴스》, 2019.11.16).

반면 복지 지출은 OECD 평균의 절반에도 못 미친다. 또한 2019년 한국 국방 예산은 환경부, 국토교통부, 농림축산식품부의 기후변화 대응 예산을 다 합친 것의 400배에 달했다(조효제, 2020). 코로나 시국에서도 공공병원 설립 예산이 제로인 반면 국방 예산은 대폭 증가했다(《오마이뉴스》, 2020.11.5). 2022년과 2023년 한국의 기후대응지수는 63개국 중 60위이다.

한편 역설적으로, 기후변화는 국제분쟁이 사라지게 할 수 있다. 30년 가까이 인도와 방글라데시가 서로 자기의 영토라고 주장해 온 벵골만의 뉴무어 섬이 2010년 완전 물에 잠겨 분쟁의 여지가 사라졌다(송유나, 2010). 어쩌면 앞으로 독도도 사라져 독도가 자기 땅이라는 일본의 억지 주장을 더 이상 들을 일이 없어질지도 모르겠다. 그러나 이는 분쟁보다 더 무서운 재앙이다. 즉 다투는 사람들이 설 땅마저 사라진다는 것이다(이나미, 2016).

울리히 벡(Ulrich Beck)은 "빈곤은 위계적이지만 스모그는 민주적"이라고 했다. 즉 재앙은 무차별적이다. 그런데 '민주적인 재앙'의 원인 중 하나는 '위계적인 소비'이다. 토머스 L. 프리드먼(Thomas. L. Friedman)은 부자들의 과소비가 기후변화의 주된 원인이라고 본다. 특히 미국식 생활양식의 보편화를 문제로 본다. 큰 저택, 방마다 있는 에어컨, 가구당 몇 대씩 소유하는 자동차, 큰 고기 스테이크, 각종 최첨단 가전제품 등. 미국은 석유를 물 쓰듯이 하고 이산화탄소를 마구 뿜어댄다. 세계의 다른 나라들은 미국처럼 되려고 경제성장에 박차를 가한다. 특히 중국이 미국의 소비문화를 따라가고 있다(이정전, 2013). 또한 중국에 공장들이 대거 세워져 싼값의 물건들을 대량생산하기 시작하면서 전 세계 사람들은 필요하지 않은 물건을 여러 개 구입하는 습관을 들이기 시작했다. '과소비'가 등장한 것이다. CBS 뉴스에 의하면 지난 30년간 미국인이 구매한 의류의 양은 5배 증가했지만 그 옷을 착용한 횟수는 평균 7회에 불과했다. 버려진 옷은 가난한 나라로 들어가 쓰레기로 쌓인다. 북미, 유럽, 호주인들이 '기부'한 중고 의류 1,500만 벌이 가나의 수도 아크라에 매주 도착한다. 이 옷들 중 40퍼센트가 매립되어 쓰레기 산을 이루는데 이것이 해변으로 쓸려나가 모래사장을 뒤덮는다(《중앙일보》, 2021.10.8).

이익에 민감한 경제계는 그 속성상 환경 문제에 적극 대응하지 않는다. 경제학자들은 '과소비'란 말을 기피한다. 경제학 사전에 '과소비'란 단어가 없다고 한다. 정부들이 환경 문제에 미온적인 것도 경제계의 로비 때문이다. 그동안 국제사회에서 환경 문제 해결에 진전이 없었던 것은 미국이 주도적이지 않아서인데 이는 석유 재벌의 로비 때문이었다. 대기업은 기후변화가 가져올 위험이 거짓이라는 홍보를 대대적으로 해왔다. 기업의 로비를 받은 미국 상원의원 제임스 인호프(James Inhofe)는 지구온난화가 '최대의 사기극'이라고 주장했다(이정전, 2013). 도널드 트럼프도 "엄청난 돈만 퍼붓는 지구온난화 방지 정책을 멈춰야 한다"고 주장했다. 심지어 기후변화가 재앙보다는 혜택을 가져다준다는 주장까지 등장했다. 2012년 경기개발연구원 보고서에는 장기적으로는 자연재해가 경제성장을 촉진한다는 내용이 있다. 기후변화로 인해 새로운 작물, 새로운 어장, 새로운 금융 상품이 등장할 것이며 실내스포츠가 증가할 것이라는 전망을 하고 있다. 사과는 포천과 가평 등 경기 북부와 강원도가, 포도는 경기도, 강원도 지역이 미래 주산지가 될 것이라고 한다(강상준·유영성, 2012). 아열대 및 열대 과일을 재배할 수 있다는 기대에 부풀어 있다.

기업 광고를 받는 미디어도 마찬가지다. 그들은 온난화에 대비해 아열대 지역에서 잘 자라는 품종을 심을 것을 권고하면서 생산량이 늘어날 것을 기대한다고 보도한다. 예컨대 쌀 품종 중 하나인 아세미 1호를 소개하면서 이 품종이 온대, 아열대에서 다 잘 자라는 종류라는 것이다(《YTN 뉴스》, 2015.9.29). 전 지구적으로는 섭씨 0.8도 상승할 때 우리나라는 섭씨 1.5도 상승했다고 하면서 온난화에 따라 품종 개발, 이모작 등 다양한 농업 기회를 찾으라고 권한다(MBC, 〈신동호의 시선집중〉, 2015.9.17).
즉 시장의 영향을 받는 언론은 기후변화를 재앙의 시작이 아
니라 새로운 기회처럼 호도한다. 다만, 최근 심각해진 자연재
해로 인해 이런 경향은 다소 줄어들었으며 생태 문제가 자주
거론되기 시작했다.

   생태 문제에 대한 정부, 시장, 언론의 이러한 무감각은, 불
때는 가마솥 안에 누워 타 죽을 걱정은 하지 않고 점점 따뜻
해진다고 좋아하는 것과 다름이 없다. 그런데 문제는, 불 때
는 사람과 타 죽는 사람이 다르다는 것이다. 지구온난화에 아
무 책임이 없는 우리의 후손이 우리로 인해 희생을 당하게 된
다. 이는 '세대 간 정의'에 어긋난다. 이렇듯 기후변화는 '정의
(justice)'의 문제, 즉 '기후정의' 문제를 일으킨다. 기후정의 문제
란 기후변화에 원인 제공을 하지 않은 지역이 기후변화로 인
해 더 큰 불행을 겪는다는 것이다. 2005년 이누이트족은 미국
이 온실가스 배출량을 감축하지 않아 인권 의무를 위반했다
고 미주인권위원회에 권리 구제를 위한 청원을 했다. 지구온
난화가 삶의 터전을 파괴하고 생계 수단을 박탈했다는 것이
다. 실제로 동토층 해빙에 따라 주거 지역이 더 위험해졌고 동
물 개체수가 감소했다. 유엔인권위원회의 보고서에 의하면 기
후변화가 가난한 지역과 국가에 더 큰 영향을 미치는데 이들

지역과 국가는 기후변화 초래에 영향을 가장 덜 주었다(박태현, 2011). 따라서 이것은 기후정의 문제로서, 기후변화에 있어 국가 간 부정의(injustice)가 있음을 보여주는 것이다.

기후변화는 자연재해만 불러오는 것이 아니다. 그에 따른 사회적 변화와 위험이 예상된다. 위험에 처한 사회가 보여줄 변화에 대한 울리히 벡의 예견은 여전히 유효하다(벡, 1997).

첫째, 통제할 수 없는 위험으로 인해, 사람들의 무력감, 회피 심리, 개인주의화가 증대될 것이라는 점이다. "탈출구가 없다면 사람들은 종국에는 그것에 대해 더 이상 생각하고 싶어하지 않는다"는 것이다. "위험사회는 히스테리에서 무관심으로 이동하고 또 그 반대로 이동한다"고 했다. 또한 사람들은 전적으로 외적 지식에 의존하는 상태가 되어 무력감이 증대할 것이라고 그는 보았다. 팬데믹 정국은 이 같은 주장에 힘을 실어준다. 이와 더불어 근대 이후 진행된 개인주의화는 기후변화 및 이로 인한 재난으로 더 심해질 것이라고 보았다. 이로 인해 사람들 간의 연대가 더 힘들어지고 권력에 대해 더 순응하고 체념하게 된다. 이때 사회적 약자는 더 큰 위협을 받는다. 즉 기후변화는 종교, 학문 등 문화 전반에 영향을 미치며, 자연 재앙은 사람들의 관계를 무너뜨려 개인들이 더 취약해질 가능성이 있다.

둘째, 불평등이 심화할 것이라는 점이다. 자연재해는 가난한 사람들을 더욱 위험에 빠뜨린다. 위험 자체는 계급을 가리지 않으나 위험의 결과는 하층계급에 더 치명적이다. 위험은 계급사회를 더 강화한다는 것이다. 가난한 자는 위험을 피할 수 없지만 부자는 위험으로부터의 안전과 자유를 살 수 있다. 부자들은 거주지를 옮기거나 새로운 거주지를 만듦으로써 위험을 피할 수 있다. 부자들은 자신의 땅의 가치가 하락하더라도 그 땅을 팔고 이동할 수 있다. 그러나 빈민층은 이동할 수 없다.

셋째, 기후변화로 인한 긴급사태와 파국적 사회는 민주주의로부터 멀어지며 과학적·관료적 권위주의가 횡행할 수 있다. 벡은 앞으로 "민주주의에 대해 완전히 새로운 유형의 도전이 제기"될 것이라고 우려한다. 위기 상황은 민주주의의 중지를 정당화하며, 위기가 일상이 되면 사람들은 비민주적 상황에 익숙해진다. 적은 수입으로 사는 사람들은 불만을 표출하기보다 그 수입마저 잃을까 봐 더 참을 것이다. 벡은 "수입을 잃을 위협 때문에 사람들의 인내심이 더 강해진다"고 했다. 이러한 위기 상황에서의 인내심은 기존의 사회, 경제적 불평등 구조를 지속시킬 수 있다.

마지막으로 재난은 사회적 증오를 일으킬 수 있다. 사람들은 두려움 극복을 위한 상징적 장소, 인물, 대상을 찾아내고자 할 가능성이 있다. 즉 희생양을 찾는 사회가 될 수 있는 것이다. 유럽 소빙기에 심한 우박이 내리고 나면 2-3일 내에 마녀 사냥이 행해졌다고 한다. 관동대지진 때 일본인들이 조선인들을 학살한 것도 같은 경우라고 할 수 있다. 또한 사람들은 위험을 예고하는 사람들을 도리어 비난하기도 한다. 이들이 불안 상태를 유발한다고 증오한다. 영화 「돈 룩 업」은 그러한 세태를 풍자적으로 잘 그렸다. "위해가 아니라 그것을 지적하는 사람들이 일반적인 불안 상태를 유발한다는 식으로 사태가 돌변"한다. 또한 "그 뒤에 숨어 있는 것은 첩자, 공산주의자, 유대인, 터키인, 또는 제3세계의 미친 구도자들"이라는 의심이 퍼진다. "위협이 커가면서 바로 위협의 비구체성과 사람들의 무력감"이 "급진적이고 광적인 반응과 정치적 경향을 촉진"한다. 코로나19 사태에서도 혐오 현상이 등장했다(성민교, 2020).

요르고스 칼리스(Giorgos Kallis) 등은 팬데믹에 대한 위험한 정치적 대응으로 신추출주의(토지를 오염시키는 산업들을 확대하며 사회보장제도에 돈이 쓰이지 못하게 제한), 권위적 민족주의(이민자들을 제외한 자국민만을 위한 사회보장제도와 경제성장 촉진), 자유주의적 긴축주의(다수의 몫을 깎아서 소수의 부를 지탱), 권위적 긴축주의(군대 등의 권위적 수단을 통해 불안정 문제 해결) 등을 든다(칼리스 외, 2021). 기후위기 등 생태 문제 해결을 위해 생태권위주의가 필요하다는 주장도 있으나 독재와 권위주의는 위기에 취약하다. 즉, 생태위기로 인한 민주주의의 위기와 인권침해의 위험은 다시 재앙의 원인이 된다. 독재자가 군림한 에티오피아에서는 1983-1985년 가뭄으로 100만 명이 아사했지만 민주 국가인 보츠와나에서는 같은 가뭄을 겪었음에도 한 명도 굶어 죽은 이가 없었다. 더구나 에티오피아는 대기근 발생 한 해 전 곡물생산량이 역대 최고였고 기근이 발생한 해에도 평년보다 곡물생산량이 높았다. 그러나 곡물이 시장에 풀리지 않았고 가격은 하늘 높이 치솟았다. 반면 보츠와나는 취약 계층에게 식량을 배급하고 일자리를 제공했다(EBS 다큐프라임 제작진·유규오, 2016; 고제규, 2017). 아마르티아 센(Amartya Sen)은 '민주 국가에는 기근이 없다'고 주장했는데 그 이유는 공적 자원을 적시에 투입하면 기근은 막기 쉬운 재난이기 때문이라는 것이다. 국정의 우선순위를 국민들이 결정하는 것이 민주주의이며 따라서 선거권, 투표권이 중요하다는 것이다(라종일, 2022). 민주 국가에서는 정치가나 행정가가 빨리 반응하여 사태를 안정시켜야 자신의 자리를 보전할 수 있다. 또한 재난 대응에 가장 중요한 자원은 물자보다 정보인데 권위주의는 정보 생산에 취약하다. 아랫사람들이 지도자의 의중을 살피는 데 급급하고 그가 원하지 않는 정보는 제공하지 않기 때문이다.

기후위기는 민주주의와 더불어 인권의 문제이기도 하다.

무엇보다 기후위기는 인재에 의한 불의이기 때문이다. 조효제에 의하면 인권 문제로 기후위기를 보면 온실가스 배출은 인권 유린 행위가 되므로 온실가스 감축을 '명령'할 수 있다. 어떤 문제를 인권의 문제로 보는 순간 그것은 '철폐할 수 없는 것'이 된다. 인권은 본질적으로 침해할 수 없는 기본 가치이므로 최우선 순위의 문제가 되는 것이다. 기후위기가 인권을 침해한다고 판명되면 그것은 더 이상 '비용과 편익의 문제'가 되지 않는다. 무조건적 감축을 해야 하는 것이며 확고한 규범성을 강조하는 담론이 된다. 또한 인권침해의 문제로 보면 보상이 의제로 떠오를 수 있다. 따라서 빈곤층 인권침해 문제로 접근이 가능해진다(조효제, 2020).

그럼에도 기후변화나 사회 위기에 대한 국가와 기업의 태도를 볼 때, 우리는 이들의 조치를 바라보고 있을 수만은 없다. 정부, 의회 등 국가는 관료제의 경직성과 기업의 로비 등으로 진정한 친환경정책을 실행하기 어렵다. 기업은 단기 이익에 급급하여 장기적이고 윤리적인 정책을 지지할 리 만무하다. 따라서 희망은 시민사회와 시민에 있다. 시민은 상호협력과 연대를 통해 국가와 기업을 견제하고 생태위기를 막는 노력을 해야 한다. 이것이 생태시민성이 요구되는 이유다.

인간의 행위로 기후위기를 늦추거나 극복할 수 있다. 팬데믹 정국에 이동이 금지되면서 미세먼지가 확연히 줄어들고 맑은 하늘을 볼 수 있었다. 인간의 행위가 기후변화의 원인이 된다는 점은 유럽인의 원주민 대학살이라는 비극적 사건에서 알 수 있다. 16-17세기 소빙기의 원인 중 하나는 아메리카 원주민의 수가 급격히 줄면서 경작지가 다시 숲으로 되어 이산화탄소가 줄었기 때문이라는 연구결과가 있다. 당시 6천만 명 정도로 세계 인구의 10퍼센트를 차지했던 아메리카 원주민들이 유럽인들에 의한 학살과 질병으로 100년 만에 500-600만 명으로 줄었는데 이때 프랑스 면적 크기의 경작지가 다시 숲과 초원으로 변해 대기 중 이산화탄소가 감소하여 소빙기로 이어졌다는 것이다(《한겨레》, 2019.2.3; 고시, 2022; Jones, 2003; Stannard, 1992; Salisbury, 1982; Williams 2006). 지금은 그 숲과 초원이 다시 인류의 탐욕에 의해 사라져 또 다른 재앙을 예고하고 있다. 지구상에 건설된 수많은 댐들은 지구의 자전 속도도 느려지게 했다. 이제 지구에 묶인 댐이라는 사슬을 부수고 지구에 씌워진 이산화탄소 봉지를 벗겨내 지구를 살려야 할 때다. 그것이 우리가 미래의 생명을 살리는 생태시민이 되는 길이다.

2023년
이나미

3장 생태시민성 이론

4장 집사로서의 생태시민

5장 동료로서의 생태시민

6장 참여자로서의 생태시민

1장

공해의 탄생과 시민의 대응

도시와 공해

공해는 시민의 거주지인 도시와 더불어 탄생했다. 도시는 중세에도 쓰레기로 덮여 있었다. 상하수도 시설이 없는 가운데 도시인들은 창밖으로 모든 오물을 버렸다. 시가지는 가축사육장으로도 쓰였다. 도시의 석탄 사용으로 하늘은 연기로 뒤덮였다. 산업혁명이 있기 훨씬 이전인 13세기에도 런던의 하늘은 석탄 연기로 뒤덮여 대기오염이 극심했다. 당시 석탄이 주 연료였는데, 국왕 에드워드 1세가 다른 대안이 없는 상태에서도 석탄 사용을 금지할 정도로 오염은 심각했다. 그러나 다른 방도가 없어 석탄은 결국 다시 사용되었다. 타국에 비해 석탄 사용량이 많았던 영국은 공기 오염이 특히 심각했으며 16세기 초에는 더욱 확산된다(환경과공해연구회, 1991).

1661년 존 이블린(John Evelyn)은 런던의 매연이 주민에게 극심한 피해를 주고 있다고 호소하고 매연 방지를 위한 여러 가지 대책을 제안한다. 그에 의해 '공해(public nuisance)'란 말이 처음으로 사용된다. 그는 독특하게 공기와 고기를 비교한다. 그에 의하면 고기는 하루 두 번 정도 섭취하지만 공기는 항상 들이마시며, 고기는 천천히 소화되지만 공기는 바로 폐로 들어간다는 것이다. "따라서 공기를 나쁘게 만드는 행위는 물이나 고기를 나쁘게 하는 행위와 같으며 생명에 직결되는 것"이라고 강조했다. 그는, 야만인들도 대기를 오염시키는 것을 금지했으며 "로마 시대의 비트루비우스는 건물을 지을 때 대기와 물 등의 입지 조건을 조사"했다고 설명했다. 그리고 "런던 땅에 도시를 건설한 고대 사람도 틀림없이 이 땅의 대기와 그 환경 조건을 충분히 고려했을 것"인데, 현재 "해탄 연기가 그침 없이 런던 상공을 덮어, 원래는 훌륭하고 깨끗했던 공기가 더럽혀졌"다고 한탄했다. "매연은 가정의 주방이나 맥주 양조장, 염색공장, 석탄 가마, 제염소, 석염 제조 공장의 굴뚝에서 뿜어져" 나오며 "런던을 방문하려는 사람은 런던시를 직접 눈으로 보기 몇 마일 전에 이미 런던이 가까워졌다는 것을 냄새로 알

수 있을 정도"라고 비판했다(김정규, 2009).

그는 또한 도시를 회복시킬 희망이 있다고 했다. 전쟁으로 "뉴캐슬이 포위되어 부족한 석탄으로 심각하게 고생할 때, 큰 공장 대부분이 작업을 단축하거나 조업을 정지"했는데 "바로 그때 런던의 한복판에서조차 난이 꽃을 피우고는, 열매를 맺기 까지 떨어지지 않았"다는 것이다. 이는 "전쟁 때문에 런던에서 의 석탄 소비가 감소하면서 연기가 줄어든 때문이었"다는 것 이다(김정규, 2009).

그렇다면 문제는, 연기를 내뿜는 공장을 어떻게 해야 하는 가이다. 이블린은 공장을 런던에서 멀리 떨어진 곳으로 옮기자 고 하여 단지 다른 지역 주민들에게 고통을 전가하자는 해법 을 제시했을 뿐, 근본적 해결책을 제시하지는 않았다. 좀 나은 제안은, 도시를 둘러싸고 있는 냄새 나는 저습지에 나무, 꽃 등 의 식물을 심어 공기를 정화하고 악취를 제거하자는 것이었다.

이블린이 살던 시기의 공해문제가 해결되지 않은 채 맞이 한 산업혁명은 문제를 더 악화시켰다. 18세기 말부터 시작된 산업혁명은 공장, 슬럼, 철도로 상징되는 공업도시를 탄생시 켰다. 이를 기점으로 공해문제는 질적으로 새로운 국면을 맞 는다. 산업혁명은 400만 년 동안 유지된 인간과 환경의 공존을 거부하고 불과 200년 만에 인간과 자연 모두를 위협했다. 제니

방적기의 발명을 계기로 산업혁명이 비약적으로 진전되었고 대공업도시가 출현했다. 이와 함께 도시로의 인구 집중이 급격히 진행되었다. 산업 시대 영국의 빈민가는 더럽고 쓰레기로 가득 찼다. 배수구, 하수구가 없어 고인 물들이 악취를 뿜어냈으며 집들이 밀집되어 통풍이 잘 되지 않았다. 1830년 이후 콜레라와 장티푸스가 돌았고 호흡기 질환, 위장 질환을 앓는 환자가 속출했다. 장시간 노동과, 안전이 고려되지 않은 기계설비로 산업재해 문제도 빈발했다. 공장은 통풍, 채광시설을 갖추지 않아 공장 내부의 노동, 생활환경이 매우 열악했다(환경과 공해연구회, 1991).

오염된 공기는 장소를 가리지 않고 스며들었다. 찰스 디킨스가 『황폐한 집』에서 묘사한 '안개'는 바로 스모그였다. "안개는 모든 곳에", 즉 "녹색 섬과 목초지 사이를 흐르면서 강 상류에" 있었고, "늘어선 배들과 거대한 (그리고 더러운) 도시의 강변 오염 지대 사이를 휘돌면서 더럽혀져 강 하류에"도 있었다.

스모그   · 생태 개념어 쪽지 ·

스모그는 'smoke(연기)'와 'fog(안개)'의 합성어로, 18세기 유럽의 산업화로 석탄 소비량이 늘어나면서 생겼다. 19세기 중엽부터는 석유의 연소에 의한 스모그가 큰 문제가 되었다.

안개는 "석탄 운반선 조리실", "커다란 범선의 갑판 위", "화롯가에서 헐떡대는 낡은 그리니치 병원 연금수급자의 눈과 목구멍", "격노한 선장의 파이프 담뱃대"를 거쳐 "갑판에서 떠는 어린 수습 선원의 발과 손을 잔혹하게 에면서" 퍼져 갔다(장은수, 2021).

20세기에 이르면 상황은 더 악화된다. 영국에서 1948년에 위생법 등 각종 법 제정에도 불구하고 스모그에 의한 사망자가 300명에 이르렀다. 1959년, 1962년에도 스모그 피해가 있었으나 잘 알려진 '런던 스모그'는 1952년 겨울의 사건을 말한다. 며칠간 지속된 스모그로 통행이 불가능할 정도가 되어 열차가 충돌하는 사건이 발생했다. 구급 환자 수가 평소의 4배에 이르렀으며 시내에서 쓰러지는 사람이 발생했다. 12월 4일부터 13일까지 스모그에 의한 사망자가 2,800명을 넘었고 그 다음 주에도 1,200명 이상이 사망했다. 불과 며칠간의 스모그로 4,000명의 시민이 사망한 것이다. 이듬해 2월 중순까지 추가로 8,000명의 사망자가 나왔다. 스모그의 유해물질은 아황산가스와 부유 분진으로 사망 원인은 기관지염이 압도적이었고 그 다음으로 폐렴, 인플루엔자 등 호흡기 질환이었다(환경과공해연구회, 1991).

미국의 철강 도시 피츠버그도 매연에 의한 대기오염이 심

스모그에 덮인 런던.

각했다. 1930년대 중반 무렵부터 맑은 날에도 푸른 하늘을 볼 수 없었고 대낮에도 자동차의 헤드라이트를 켜고 달려야만 했다. 호흡기 관계 발병률, 폐렴에 의한 사망률이 미국 도시 중 최고치를 기록했다. 이 당시 세계 역사에 남을 만한 대기오염 사건이 도처에서 일어났다. 1943년 로스앤젤레스에서도 스모그 사건이 발생했고, 1930년 벨기에 뮤즈 계곡 사건에서 대기

오염으로 60여 명이 사망했다. 1948년 미국 도노라 사건에서 20여 명, 1950년 멕시코 포자리카 사건에서 22명이 사망했다 (환경과공해연구회, 1991).

토지와 물의 오염

인류는 대기뿐 아니라 토지도 심각하게 오염시켰다. 토지 오염과 관련이 깊은 것은 농업의 산업화이다. 화학자 유스투스 폰 리비히(Justus Freiherr von Liebig)는 당시 영국에서 가장 발전된 형태로 전개되고 있던 산업화된 농업이 토양 열화 현상을 불가피하게 하는 '약탈적 시스템'이란 것을 지적했다(김종철, 2019). 또한 2차 대전 화학무기의 부산물로 탄생한 DDT가 전 세계 전염병 예방과 농약으로 사용되다가 그 폐해가 밝혀지면서 금지되었다. 전쟁 무기로 시작된 농약이 다시 미국에 의해 베트남전쟁에서 고엽제로 사용되었고 이는 많은 생명을 앗아 갔다.

2차 대전 후 미국 농경지 중 4분의 1이 사막화되었다(김종철, 2019). 또한 전 세계적으로 급속한 산업화가 이루어져 1950년부터 40년 동안 세계의 경제적 생산력은 5배 증가하고 곡물

수확량은 2.6배 증가했다. 그러나 경작지의 비옥한 흙의 5분의 1이 유실됐다. 열대우림의 20퍼센트가 사라지고 수많은 동식물이 멸종됐다. 대기 중 탄산가스 양은 13퍼센트 증가했고 오존층은 2퍼센트 감소했다. 또한 곡물생산 증가율이 오히려 둔화됐고 인구 1인당 곡물량은 7퍼센트 감소했다.

카를 마르크스는 『자본론』 3권에서 자본주의가 노동자뿐 아니라 토양도 약탈한다고 지적했다. "자본주의적 농업에 있어서 진보라는 것은 모두 노동자를 착취할 뿐만 아니라, 토양까지도 약탈하는 방식으로 진행된다"는 것이다. 토양의 비옥도를 증가시키는 단기간의 과정은 "그 비옥도를 장기적으로 유지시키는 기반 자체를 파괴하는 과정"이 된다. 대규모 산업을 가진 미국과 같은 나라에서 "이 파괴의 과정은 좀 더 급속히 진전"된다. 따라서 "자본주의적 생산이 기술과 생산의 사회적 과정을 발전시키는 것은 동시에 토양과 노동자라는 모든 부의 본래적 원천을 손상시키는 것으로써만 가능하다"는 것이다(김종철, 2019).

마르크스는 자본주의가 합리적 농업과 오히려 반대된다고 보았다. 그에 의하면 "자본주의 체제는 합리적 농업에 반하거나, 혹은 합리적인 농업은 자본주의 체제와는 (설령 이 체제가 농업의 기술발전을 촉진한다 하더라도) 양립 불가능하다." 그는 "합리적인 농업을 위해서 필요한 것은 자기 자신을 위해서 일하는 소농이나 혹은 연합된 생산자들에 의한 관리"라고 주장한다. 중국의 농업사상가 원톄쥔(溫鐵軍)은 소농 중심의 향촌건설운동을 주도한 인물인데 그는 동아시아 소농 사회를 낙오된 사회로 간주하는 것은 큰 착각이라고 지적한다(김종철, 2019).

루돌프 슈타이너(Rudolf Steiner)도 서구적 농업의 지속불가능성에 주목했고 그 대안으로 생명역동농법을 제시했는데 이는 흙을 보호하고 되살리는 기술이다. 그에 의하면 20세기 초 유럽의 농경지는 쇠약해져 있었고 거기서 자라는 농산물로는 사람이 충분히 건강한 에너지를 획득할 수 없었다. 오스발트 슈펭글러(Oswald Spengler)는 『서구의 몰락』에서 농촌 황폐화와 도시인의 속물성에 주목했다. "문명이 몰락의 단계를 맞으면 파리, 런던, 뉴욕과 같은 거대도시로 사람들의 생활이 집중되고, 그 이외의 지역은 황폐하게 된다"는 것이다. 그러면 "그때까지 대지에 생사를 맡기고 생활해 온 민중은 사라지고, 토지로부터 유리된 채 대도시에 기생하는 유랑민이 대량으로 발생"한다. "이들 대도시의 주민이 된 사람들은 농민 생활을 마음으로부터 혐오"하는데, "그들에게는 전통이라는 것은 전혀 없으며, 그들을 지배하는 것은 오로지 경제적 동기일 뿐"이다. "무종교적, 실제적 인간으로 살아"가는 그들은 "무턱대고 여행을 좋아하고, 일찍이 문화가 번성했던 시대의 유물이나 예술품을 이해하지도 못하면서 구경하러 돌아다닌다." 김종철은 슈펭글러의 이 말이 꼭 오늘날의 한국인을 묘사한 것 같다고 평한다(김종철, 2019).

농촌의 오염은 기계화와 더불어 심화했고 기계화는 전쟁의 산물이었다. 미국은 제2차 세계대전 기간 중 기계 및 화학 산업을 발전시켰는데 군사산업이 끝나자 출구가 필요해졌고 이것이 농업으로 들어가 대대적인 기계화, 화학화가 이루어진다. 탱크 만든 기술이 농기계 제조에 쓰였고, 화학무기 개발에 사용된 지식이 화학비료, 살충제, 제초제로 거듭났다. 이로 인해 대량 과잉생산이 시작되었고 이러한 곡물을 처리하기 위해 대규모 축산 시스템이 시작된다. 또한 이 잉여농산물이 한국에 원조식량으로 왔으나 이 수입금의 대부분은 미국산 무기를 구매하도록 규정되었고 나머지 10-20퍼센트는 미국에서 공부하는 한국 유학생에게 장학금으로 주어졌다(김종철, 2019). 무기 기술이 농업 기계화에 적용되었고, 그로 인한 곡물의 대량생산은 다시 무기 구매로 이어진 것이다.

이러한 기계화는 결과적으로 에너지를 더 많이 소비했다. 단위면적당 투입된 노동력을 기준으로 보면 기계·화학농업이 생산성이 높지만 낭비된 에너지, 물, 지력 고갈 등 종합적인 평가에서는 소농에 의한 유기농 재배가 생산성이 더 높다. 또한 소농 중심의 유기농업에서는 다품종 재배가 가능하고 농약으로 오염되지 않은 다양한 작물의 부산물들을 짚으로, 공예 원료로, 가축의 먹이로 활용하는 것이 가능하기 때문에 총체적인 생산성은 석유 의존 농사보다 훨씬 높다. 또한 유전자조작농산물(GMO)의 증가는 생물종 다양성에 위협이 된다(김종철, 2019).

자본주의적 토지 이용에는 산업화된 농업뿐 아니라 광산 개발도 대표적 사례로 포함되며 마찬가지로 공해를 발생시켰다. 동아시아 근대사에서 최초로 발생한 대규모 공해 사건은 19세기 말 일본 도치기현에서 발생한 아시오 광독 사건이다. 아시오 지역 구리광산에서 대규모로 구리를 생산했는데 주변 마을 농작물이 말라 죽고 가축들이 괴질로 쓰러졌으며 농작물을 먹은 주민들도 질병에 걸렸다. 이에 도치기현 국회의원인 다나카 쇼조가 문제를 제기하고 사형 위험을 무릅쓰며 천황에 직소한다. 결국 그도 지병으로 죽음을 맞이했다(박맹수, 2013; 김종철, 2019).

아시아에서 가장 먼저 근대화된 일본에서 공해 사건이 줄을 이었다. 특히 수질오염 사건은 수많은 인명 피해를 낳았다. 1952년 일본 미나마타만 주민 111명이 걸리고 60여 명이 사망하여 미나마타병으로 불린 병의 원인으로 양심 있는 학자들은 공장 폐수를 지목했으나 여론이 반응하지 않았다. 그러다 1965년 니가타현에서도 같은 증상이 확인되었다. 1967년 니가타의 환자 가족들이 최초로 소송하여 법정 다툼으로 비화되었고 이를 계기로 시민운동이 전개되었다. 1969년 구마모토에서도 112명의 피해보상 청구소송이 제기되었고 많은 단체들이 조직되어 소송을 지원했다. 이들은 홍보지 제작, 집회 개최, 자료 수집 등의 활동을 벌였고 다른 사회단체와 연대하여 공동 투쟁했다. 이로 인해 오염의 실상이 일반인들에게 폭로되어 이후의 정부 정책에 큰 영향을 미쳤다. 1971년, 1973년 공해 소송은 원고 승소 판결로 끝났으나 결과는 만족스러운 것이 아니었다. 이 밖에도 1955년 일본 도야마현 진즈강의 카드뮴 오염으로 20년 동안 258명의 이타이이타이병 환자를 발생시켰다 (환경과공해연구회, 1991).

다나카 쇼조 ·생태 개념어 쪽지

다나카 쇼조(1841-1913)는 메이지 시대의 정치인으로 자유민권운동에 적극 참여한 인물이다. 그는 또한 생명을 존중한 동학 농민군의 군율이 문명적이라고 감탄했다. 그는 현재 생태주의 사상의 선구자로 일본과 한국에서 재조명되고 있다.

사회주의와 공해

자연에 대한 자본주의의 약탈성을 지적한 카를 마르크스와 마찬가지로 프리드리히 엥겔스도 『자연변증법』에서 환경문제의 발생을 예언했다. 그에 의하면, "동물은 외부의 자연을 단지 이용하고 그 속에 존재함으로써 변화를 불러"오는 반면, "인간은 자신의 목적을 이루기 위해 자연에 변화를 일으킨다." 즉 인간은 "자연을 지배"하며 "이 점이 인간과 동물을 근본적으로 구별 짓는 것"이다. 그리고 "이 구별은 인간이 노동을 한다"는 데 있다. 엥겔스는 이렇게 인간이 자연을 정복하면 인간은 보복을 당할 것이라고 예언했다(환경과공해연구회, 1991).

마르크스, 엥겔스와 마찬가지로 사회주의자들은 1970년대까지 공해가 자본주의의 특유한 현상이라고 믿었다. 그러나 사회주의 국가도 심각하게 환경을 오염시켰다는 사실이 알려졌으며, 그 원인으로 자본주의와의 경쟁, 생산제일주의, 관료주의에 의한 능률 저하, 군비 확대 등이 지목되었다.

중국의 경우 사회주의 초기에는 농업과 공업의 관련성이 고려되어 급속한 산업화로 인한 농업의 희생과 생태계 파괴를 예방할 수 있었으나 1950년대 말 후진농업국에서 벗어나자는 대약진운동으로 환경 파괴가 시작됐다. 이 당시 중국은 15년 만에 영국을 따라잡겠다는 목표를 세워 전국 제철소 용광로를 교체하고 원료와 에너지 자급에 집중했다. 그 결과 저질 철광석을 목탄이나 석탄으로 제련하는 시설이 늘어났고 대대적인 벌목이 행해졌다. 게다가 식량자급을 위한 경지면적 확대 정책으로 삼림의 4분의 1 이상이 황폐해졌다. 현대화 계획으로 이윤 동기가 채택되면서 삼림벌채, 토양침식이 심해지고 오염물질이 마구 버려졌다. 각 공장은 책임생산제하에서 공해 방지 투자를 최하위 순위로 놓았다(환경과공해연구회, 1991).

이후 덩샤오핑의 실용주의 노선으로 공해문제는 더욱 악화된다. 벌목으로 수백만 에이커의 숲이 없어져 토양이 쓸려가고 바람으로 침식되어 이 먼지가 수백만 톤의 탄가루, 아황산가스와 합쳐져 중국 대륙은 물론 우리나라와 일본에까지 영향을 미치기 시작했다. 중국발 오염물질의 유입이 이렇듯 어제오늘의 일이 아니었던 것이다. 1983년 중국 도시의 대기오염이 당시 서울의 2배 이상이었고, 상하이와 무한의 부유 분진 농도는 도쿄의 10배 이상이었다. 중국의 전통적인 피서지인 청더시는 본래 시원하고 공기가 맑은 도시였으나 1980년대에 공업지대가 아니었음에도 늘 스모그가 끼어 있는 곳으로 변했다. 동북 3성의 공장지대의 상황은 더 심각했다. 하얼빈의 시계는 6미터에 불과했다. 1980년대 베이징은 1950년 이전에 비해 안개가 끼는 날이 3배로 늘어나 연간 200일 정도가 되었고 매달 8.8톤의 석탄 먼지가 쌓였다. 또한 1986년 장쑤성에서만 연간 6억 7천만 톤의 폐수가 방류되었으나 처리율은 10퍼센트에 불과했다(환경과공해연구회, 1991).

소련의 경우, 1988년에 배출한 대기오염 물질은 1억 500만톤으로 미국을 제치고 세계 1위였는데 이 수치는 그나마 10년 전보다 15퍼센트 감소한 것이다. 토지도 황폐해져 거주 지역 중 10퍼센트가 불모의 땅으로 변했다. 소련의 한 정부 관리는 "시베리아는 생태학적인 관점에서 자원의 보고에서 곧 중앙아시아의 사막보다 더 회복하기 어려운 얼어붙은 땅으로 변할 것이다"고 우려했다. 소련도 서구처럼 환경보호법이 산업발전을 저해할 경우 그 법을 폐기했다. 게다가 서구와 달리 소련을 포함하여 사회주의 국가 인민들의 환경보호운동은 미약했다. 그러한 가운데서도 소련 과학아카데미와 지역주민들이 바이칼호 지키기 운동을 전개했다. 세계에서 가장 깊은 호수이며 전 세계 담수의 5분의 1을 담고 있는 바이칼호는 2,500여 종의 특산종이 있는 생태학의 보고다. 이곳의 풍부한 용수와 목재를 이용한 펄프공장이 들어선 후 바이칼호는 급속히 오염됐다. 이에 과학자와 주민들의 20년에 걸친 끈질긴 항의로 1985년 당국은 이곳의 펄프 및 제지공장 폐쇄를 결정했다(환경과공해연구회, 1991).

동독, 체코, 폴란드도 세계에서 가장 대기오염이 심한 지역으로 꼽혔다. 네덜란드, 스위스와 비교하여 약 10배 정도 되는 양이었다. 스탈린은 체코를 '유럽의 대장간'으로 만들겠다고 공언하여 체코는 중화학공업화를 달성했으나 그로 인해 극심한 공해를 초래했다. 1980년대에 프라하 삼림의 절반이 대기오염으로 죽어갔다. 정부 당국이 프라하를 '위험지구'로 지정할 정도로 겨울철 아황산가스 농도가 허용치의 20배를 넘었다. 산업 지역인 북부 보헤미아 지방에서는 짙은 매연이 일주일간 하늘을 뒤덮는 일이 자주 생겼고 유아사망률이 다른 지방보다 12퍼센트 높게 나타났다. 주민들은 정부가 주민을 상대로 화학전쟁을 하고 있다고 비난했다. 폴란드에서는 집권당인 통일노동자당이 환경오염 실태를 생태학적 파국으로 묘사할 정도였다. 폴란드 남부 탄광·철광공업지대 주민들은 다른 지역보다 수명이 줄었고 질병 발생률이 높아졌다(환경과공해연구회, 1991).

동독의 경우 서독과의 통일 과정에서 환경 문제가 더 악화된다. 서독은 자본가들의 요구를 중심으로 구동독을 재편하여 세계경제체제에 통합하는 정책을 추구했다. 이는 대안적 체제전환 모델인 '생태적 재구조화' 모델의 가치 체계와 대립하는 것이다. 생태적 재구조화 모델은 에너지 절약적이고 생태 친화적 규준을 근본으로 하는 체제 전환 전략으로, 구동독의 환경 훼손에 대해서는 조치를 취하는 한편, 구동독이 확보하고 있던 생태 친화적인 제도와 시설을 유지하면서 지역경제의 활성화를 지향하는 산업 구조로 재편하는 것이었다. 그러나 헬무트 콜 정부는 자신의 '서독 모델'을 선택하여, 동독의 주철보도(主鐵補道), 즉 철도를 위주로 하고 도로는 보조적으로 쓰는 모델을 채택하지 않았다. 대신, 차도를 재포장·확충했고 물동량과 인간의 이동 거리를 확장하는 산업 구조로 재편했다(송태수, 2002). 즉 환경 통합 과정은 동독이 지닌 생태적 장점을 무시한 채 진행되었다. 생태적 관점에서 볼 때 동독이 원래 갖고 있던 낮은 도시화 정도, 에너지 절약적인 교통 체계, 순환 경제를 위하여 발달된 자원 재생과 재활용 체계, 분산적이고 재생 가능한 에너지 공급 체계로의 전환 가능성과 같은 장점들은 환경 통합 과정에서 고려되지 않았다. 또한 해결되지 못한 서독의 환경 문제가 동독 지역의 새로운 환경 문제로 대두되었다. 서독의 에너지 다소비적인 경제 구조와 소비 오염 증대는 동독에서 되풀이되었다. 즉 폐기물량이 증가했고 거주지와 도로 건설을 위해 자연이 훼손되었으며 개인 교통수단이 증가되어 교통량이 늘어났다(한상운, 2013). 동독 지역의 환경 개선을 위한 투자는 막대한 비용 부담 그 자체만으로 이미 문제였지만 경제

회복을 앞세운 다른 정책 분야와 끊임없는 갈등을 빚었다. 환경 분야는 통일 전 동서독 교류와 협력이 가장 부진했던 영역 중 하나였다(강미화, 2001). 이 점은 남북간 협력과 통일 과정이 어떠해야 하는지 큰 시사점을 준다.

한편, 사회주의 국가 중 쿠바는 위기를 기회로 바꾼 사례이다. 쿠바는 소련으로부터의 석유 공급이 중단된 1990년대 초 심각한 식량난을 겪으면서 석유에 의존하지 않는 유기농 체제로 전환하여 식량 위기에서 벗어날 수 있었다. 쿠바 사람들은 유기농 식품을 섭취하고 또한 도시 빈터 곳곳에 작물을 손수 기르는 텃밭 가꾸기에 참여하여 예전보다 훨씬 더 건강한 생활을 영위했다. 쿠바는 이미 오래전부터 유기농 체제를 위한 준비 작업을 기관, 연구소, 전문가 들을 중심으로 하고 있었다. 카스트로는 농서(農書)를 100권 이상 독파했다고 한다(김종철, 2019).

쿠바의 유기농업의 성공 요인은 다음과 같이 제시된다. 첫째, 사적 경영을 허용한 가족농 중심의 토지개혁, 둘째, 직거래 유통 중심의 시장 개혁(농민 시장의 개설), 셋째, 지렁이분변토, 토상농법, 각종 토착 미생물과 생약 및 천적 개발 보급, 실용적인 흙살리기 운동, 넷째, 유축농법 등 현지 자원의 재활용과 윤작, 간작, 휴경작 등 순환농법의 정착, 다섯째, 전통 농업 기술 및 자재의 생물학적 현대 과학기술과의 성공적인 결합, 여섯째,

농민 참여하의 현장 연구와 농가 적응 시험의 중시 등이라고 할 수 있다. 쿠바의 유기농업의 시작은 '강제된 선택'이었지만 지도자의 리더십, 쿠바 시민의 자발적 참여, 일반 소비자의 호응, 전국의 과학자와 연구기관의 합작 등으로 인해 성공을 이루었다고 할 수 있다. 쿠바는 과감히 근대 화학농업을 버리고 친환경 유기농법을 선택함으로써 환경 생태 보전과 생산성 향상이라는 두 마리 토끼를 잡을 수 있었다(정은미, 2013).

쿠바 사례는 두 가지 측면, 즉 집권적 농업 체제의 개혁 모델이라는 점과 유기농법이라는 점에서 북한 농업 개혁의 방향을 전망하는 데 유용하다. 북한은 당분간 정치적 필요로 중앙 집권적 농업 체제를 유지할 것으로 보이므로, 인센티브 강화와 분권화, 농민 시장의 허용 등을 요지로 하는 쿠바의 국영농장 체계의 개편이 현실적으로 북한 농업 정책에 주는 시사점은 크다고 할 수 있다(김연철, 2002).

북한의 상황

북한도 쿠바처럼 1990년 소련의 석유 공급 삭감으로 위기를 맞이했고 농업이 붕괴된다(김종철, 2019). 그러나 다른 한편 북한도 1970년대부터 환경 문제에 관심을 갖기 시작하여 1986년 환경보호법을 채택했고 1992년에는 헌법에 환경보호 조항을 추가했다. 또한 현대로 올수록 북한 정부는 환경 문제의 중요성을 인식하고 국제적 흐름도 파악하고 있는 것으로 여겨진다(강미화, 2001). 2009년에 개정된 북한 헌법은 1998년 헌법과 동일하게 제57조에서 환경보호에 관한 규정을 두고 있다. "국가는 생산에 앞서 환경보호 대책을 세우며 자연환경을 보존, 조성하고 환경오염을 방지하여 인민들에게 문화위생적인 생활환경과 로동조건을 마련하여 준다"는 것이다. 즉 북한 헌법은 환경 문제를 기본적으로 국가 목표 사항으로 규정하고 있다(고문현, 2010). 또한 2012년 이후 예성강 수력발전소 3·4·5호, 함흥 1호 수력발전소, 금야발전소, 백두산 선군청년 2호 발전소 등 8건의 시설물을 탄소배출권 시설물로 유엔 기후변화협약의 청정개발체제사업에 등록신청해서 승인을 받는 등 국제적인 탄소배출권 사업에 뛰어들고 있다(박영균, 2017).

북한의 산업은 지역의 원료 공급, 공업용수 및 교통 등 자연적 입지 조건에 맞추어 육성되었고 중화학공업도 각기 다른 지역에 분산되어 배치되었다. 군(郡) 단위 자치권에 의해서 유지되는 지방산업공장은 지방의 원료와 자재, 노동력을 동원하여 큰 투자 없이 빨리 생산 시설을 건설할 수 있고 동시에 농촌과 도시의 균형발전을 도모할 수 있으며 여성과 노인 등 중앙공업에서 활용하지 못하는 노동인구를 채용할 수 있게 했다. 또한 지방산업공장에서 생산되는 생산품은 생산 지역의 소비를 위한 것으로 생산과 분배의 지역적 자립성과 완결성을 실현하고자 했다(송태수, 2002).

농업 정책도 달라졌다. 북한 당국은 '고난의 행군' 시기를 거친 후 식량 문제를 해결하기 위해 2003년 새로운 정책을 내놓는다. 즉 화학비료를 많이 쓰면 땅이 산성화되고 생태환경이 파괴된다고 하면서 국제사회에서 확대되고 있는 유기농업의 추세에 관심을 가졌다. 그리고 이어서 "우리는 화학비료를 적게 쓰고 미생물 비료와 유기질 비료를 가지고 농사를 짓는" 방향으로 전환해야 한다고 발표했다. 2010년에는 신년 공동사설에서 "유기농법을 비롯한 새로운 영농 방법과 영농 기술을 적극 받아들여야 한다"고 언급했다. 또한 감자를 가공하고 나오는 찌꺼기로 돼지를 사육하고, 돼지를 기르면서 나온 거름을 다시 감자 농사에 쓰는 '순환적' 생산 방식도 권장했다. 그러면서, "흰쌀밥에 고깃국이 아니라 감자에 돼지고깃국을 먹게 만들어야 한다"고 언급했다. 또한 2001년에는 양어 사업을 농장과 연계하여 가축 배설물로 물고기를 기르고 이를 탁아소, 유치원, 농장원 세대에 공급했다(정은미, 2013).

2012년 5월 『사회과학원학보』에 소개된 '고리형 순환생산 체계'는 서로 연관되는 생산공정의 생산물, 부산물, 폐설물까지 원료, 자재로 이용하는 생산체계로, 이것의 장점은 첫째, 추가적인 투자 없이 기존의 생산 기반으로 증산할 수 있어 좀 더 큰 실리를 낼 수 있다는 점, 둘째, 자원의 재활용성을 높여 지속가능한 경제 발전을 할 수 있다는 점, 셋째, 자연생태환경의 파괴를 방지하고 훌륭한 생활환경과 경제의 지속적 발전을 동시에 보장할 수 있다는 점 등이 제시됐다. 또한 경제 위기로 인해 트랙터 대신 사람과 축력을 이용하는 비중이 크게 늘어났고 화학비료 대신 가축 배설물이나 인분 등을 이용한 거름, 퇴비와 같은 자급 비료의 사용도 매우 증가했는데 이러한 농경의 변화는 2000년대 이후에 유기농법이라는 이름을 갖고 하나의 중요한 농업 정책으로 발전하기에 이르렀다. 텃밭이나 소토지와 같은 경지는 개인농 또는 가족농의 주요 기반이 되고 있으며 이 역시 유기농법에 대한 의존도가 높다. 거름이 주로 사용되며 틈틈이 김매기, 제초 작업, 해충 제거 등이 이루어지기 때문에 생산성도 높은 편이다. 쿠바와 같은 국가의 정책적 대전환은 없었지만 이렇듯 이미 북한은 식량 부족을 타개하기 위해 자발적으로 농촌과 도시 모두에서 유기농법에 의거한 가족농이 십수 년 동안 이루어져 왔다(정은미, 2013).

농촌뿐 아니라 북한의 도시에서도 생태적 특징이 발견된다. 북한의 도시들은 사회주의 이념에 따라 기획되고 만들어졌기 때문에 기본적으로 자본주의적 산업화에 의한 인간성의 상실 및 근대 산업도시에 의한 농촌의 착취가 행해지지 않는 구조로 이루어져 있다. 사회주의는 대규모로 산업화된 도시를 반대하고 도시와 농촌이 서로 조화를 이룬 도시, 도시 내부에 전원적인 풍광을 갖추고 있는 소규모 도시를 선호했다. 레닌이 최초의 사회주의 국가의 수도인 모스크바를 기획하고 건설했을 때, '모스크바 플랜'에 가장 많은 영향을 미친 것이 오늘날 '생태도시' 또는 '녹색도시'의 원조로 간주되고 있는 '전원도시'였다. 북한의 도시도 '자족적 도시'로 설계되어, 자본주의에서 발전한 전형적인 소비도시나 산업도시처럼 단순히 소비 생활만 하는 지역이나 공장 지역으로 개발된 것이 아니라 도심 속에 농업 지역을 포괄함으로써 그 스스로 자족적인 생활이 가능하도록 설계되어 있다. 또한 북한의 농촌에는 작은 규모이기는 하지만 도시 기능을 수행할 수 있는 지역을 포함하고 있다(박영균, 2017).

게다가 북한은 '주택소구역제도'를 통해 주거 환경을 자립적 생활 공간으로 만들었는데 이 역시 사회주의적 도시계획의 산물이다. 북한은 1935년 모스크바 플랜에 등장하는 '마이크로 디스트릭트(micro-district)'라는 주거 개념을 따라 하나의 슈 퍼블록 안에 학교와 같은 공용시설 및 상업시설 등을 주거시 설과 함께 배치함으로써 그 블록 내에서 자생적인 공동체 생 활이 가능하도록 설계했다. 또한 구역 내에 경공업 시설과 작 업장을 함께 배치함으로써 그 지역이 주거의 공간이자 생산의 공간이 되도록 만들었다. 그 구역의 크기도 도보가 가능한 거 리로 한정함으로써 보행 위주의 공간을 구성했다. 도시들은 고 밀도·고집적의 대도시들이 아니라 대부분 50-60만 명 이하의 소규모 도시들로, '다핵화'되어 있으면서도 녹지 인프라를 통 해서 도시의 팽창을 막고 산업과 농업, 주거가 균형을 이루면 서 적정 성장을 유지할 수 있는 규모를 갖고 있다. 따라서 도시 들은 도시 전체를 운영하는 데 보다 작은 규모의 에너지만을 필요로 하며 다핵화되어 있기 때문에 도심으로 진입하는 데 필요한 대규모 대중교통 시스템이나 장거리 운송 체계에 필요 한 대량의 에너지 시스템을 필요로 하지 않는다(박영균, 2017).

그러나 북한의 핵무기 개발과 핵시설은 한반도 생태계뿐 아니라 전 세계에 위협이 되고 있다. 북의 핵실험과 미사일 실 험은 생태적 삶의 조건을 불안전하게 만들고 한반도의 평화와 생태환경에 동시적 위협을 가한다. 조배준은 핵의 군사적 사용 에 대한 위험성만을 의제화하는 '비핵화' 프레임의 한계를 지적하고, 모든 핵에너지 사용에 대한 현재적 폐기와 미래적 포기를 요구하는 '탈핵'을, 남과 북 모두에게 적용되는 녹색 비전의 일관적인 기본전제로 수용할 필요가 있다고 강조한다(조배준, 2017). '평화의 관점'에서 보면 '남북의 평화'를 위협하는 핵무기와 비핵화가 초점이 되지만, '녹색의 관점'에서 보면 자연 생태계를 파괴하고 생명 파괴적인 위협을 생산하는 '핵무기뿐만 아니라 소위 핵의 평화적 이용'을 포함한 모든 핵에 대한 폐기로 나아갈 수밖에 없다는 것이다. 구도완도 "'핵의 평화적 이용'은 '핵의 군사적 이용'과 뗄 수 없는 관계에 있다"고 하면서 이런 구분은 "핵발전의 경제성, 불가피성, 안전성 담론을 지속적으로 변형, 재생산하면서 이 시스템을 유지"하는 이데올로기라고 비판했다(구도완, 2012; 박영균, 2015).

박영균은 북한이 경제적 문제, 특히 에너지난의 문제가 있어, '핵 프로그램 불능화 조치'에 대한 대가로 북미 외교 정상화, 평화협정 체결 등을 요구하고 있다고 보았다. 따라서 현재의 분단체제가 생산하는 위험에 대한 통일 지향적 모색은 북의 에너지난과 식량난 해결로부터 시작되어야 하며, 그 해결 역시 '녹색 비전' 속에서 모색해야 한다고 주장한다. 왜냐하면 북의 식량난과 경제난의 원인의 일부는 반(反)녹색적인 근대 산업화의 결과이기 때문이라는 것이다. 북은 주체의 관점에서 인간 중심주의적으로 자연을 보기 때문에, "자연을 정복하여 풍부한 물질적 부"를 생산한다는 북의 환경법에서 보이듯이 '자연' 자체를 인간이라는 주체에 의해서 통제·이용될 수 있는 '대상'으로 다루는 경향이 강하다는 것이다. 따라서 1990년대 중반 '고난의 행군'을 낳았던 기근이 1995-1996년 연속적인 홍수 및 1997년 가뭄이라는 기후변화에 따른 자연재해로부터 기인한 것이기도 하지만, 주체농업 그 자체에서 나온 것이기도 하다는 것이다. 또한 북의 경제난도 현실 사회주의권의 붕괴라는 국제적 요인에 의한 석유 수급 차질이 일차적 원인이지만, 석유와 석탄에 대부분을 의존하는 '화석연료 시스템'의 노후화에 기인한 것이기도 하다는 것이다(박영균, 2015).

그런데 마침 북한 역시 에너지 위기와 관련하여 재생에너지에 관심을 집중하고 있으며 2009년 기후변화협약에 가입하여 CDM(Clean Development Mechanism) 사업에 관심을 쏟고 있을 뿐만 아니라 2005년 이래로 유기농업을 국가적으로 공식 추진하고 있다. 따라서 북한의 에너지 위기를 해결하는 에너지 협력을 남북의 재생가능에너지 협력으로부터 시작하고, 유기농업 협력, 산림 조성 협력, DMZ 생태 협력 등 실행 가능한 녹색화 사업을 진행할 필요가 있다는 것이다(박영균, 2015).

제3세계의 공해

　　제3세계 국가들은 대체로 재정이 어렵고 또 거액의 외채로 이자 지불 부담을 지고 있는 경우가 많아 환경보전에 쓰일 예산이 크게 부족하다. 따라서 외화 획득과 관계가 없는 환경 문제는 우선순위에서 밀린다. 신흥공업국의 경우 공업화가 우선적으로 추진된다. 또한 선진국이 수출하는 공해 산업을 받아들이고 선진국과의 합작으로 광물과 삼림자원이 무분별하게 개발된다. 자원 개발에 따른 이익의 대부분은 선진국의 다국적기업으로 넘어간다.

　　제3세계의 환경 문제는 종종 부유한 나라의 공해 산업 이전으로 발생한다. 1984년 인도 보팔시에 있는 다국적기업 유니언 카바이드 농약 생산공장에서 유독가스가 누출되어 5,500명이 사망하고 10만 명 이상의 환자가 발생했다. 유니언 카바이드 사는 원래 미국 웨스트버지니아주 앤무어 마을에 있었다. 그런데 그곳 주민들이 '깨끗한 대기를 위한 앤무어 시민위원회'를 조직하여 공해 반대 운동을 전개하자 연방정부의 환경보호청이 오염물질 배출 중지를 명령한다. 이에 이 회사는 비용 부담을 피하고자 인도로 이전했던 것이다. 한 지역의 주민들의 승리가 다른 곳 주민의 희생으로 이어진 것이다. 보팔시의 사고로 58만 3,000명의 피해자들이 회사를 상대로 피해보상 청구소송을 냈으며 회사 대표를 살인 혐의로 기소했다. 그런데 인도 법원은 소송가액의 15퍼센트에 불과한 액수의 보상 판결과 동시에 모든 관련 민·형사소송을 파기했다. 보팔 사고에 대한 심리가 미국이 아닌 인도 법정에서 진행되어 다국적 기업은 보다 싼값으로 진출국 주민의 목숨을 보상할 수 있었다(환경과공해연구회, 1991).

1984년 멕시코시티 교외에서 멕시코석유공사인 페멕스의 액화가스 탱크가 폭발하여 1,500여 명이 사망하고 4,000여 명이 부상당하는 사건이 발생했다. 미국 국경과 접한 지역에서 미국의 엄격한 환경 규제를 피해 온 미국 기업이 줄지어 있어 환경오염과 더불어 저임금 노동자 문제를 일으켰다. 1980년대 니카라과 마나과시에서 발생한 수은 오염은 필라델피아의 다국적기업 엘페 사가 미나구아 호수에 수은을 방출해서 발생했다. 이에 노동자와 주민들이 수은에 오염되었다. 그 외에도 브라질, 레바논, 시에라리온, 시리아, 베네수엘라, 멕시코 등 11개국이 미국의 폐기물을 받아들였다. 서부 아프리카의 기니비사우는 미국 제약회사 폐기물 및 산업폐기물 1,500만 톤을 톤당 40달러에 반입했다(환경과공해연구회, 1991).

악명 높은 소말리아 해적도 부분적으로는 선진국의 횡포

때문이다. 1992년 이래 유럽 회사들이 내전과 정부 기능의 마비라는 약점을 이용해 소말리아 해역에 독성이 있는 산업폐기물을 버렸으며 유럽 국가뿐 아니라 대만, 필리핀, 중국, 한국 어선들이 소말리아 해역에서 불법 조업을 해왔다. 이로 인해 어업을 지속하기 어려운 소말리아 어민들이 해적에 합류한 것이다(《오마이뉴스》, 2010.11.20).

한국도 선진국의 공해 산업을 받았다. 1960년대 한국의 비교우위는 싼 노동력과 규제 없는 환경, 즉 노동집약적이고 환경 파괴적인 산업이 가능하다는 점이었다. 또한 미군 기지 여성과 일본 관광객 상대 성매매 여성, 베트남전쟁에 파병된 군인 등을 희생양으로 삼은 반인권적 산업화가 경제 발전에 기여했다.

일본의 공해 산업도 받았다. 1965년 한일협정 당시 작성된 한일경제협력 기본구상(야스기시안)에는 일본의 공해 산업과 사양 산업의 한국 진출이 포함되어 있었다. 한국이 일본의 산업 폐기물처리장으로 활용된 것이다. 일본의 공해 기업은 미약한 규제, 풍부한 노동력, 저임금, 저렴한 지가를 찾아 한국으로 들어왔다. 그리하여 3대 공해 수입 사건이 발생했다. 첫 번째 1974년 머큐로크롬 공장 사건은 일본 도야마 화학공장이 수은 공해로 일본에서 말썽이 나자 한국에 공장을 수출하려고 한 사건인데, 당시 한일 양 국민의 반대에 부딪혀 1975년 2월에 공장 건설이 중지된다. 이 사건에서 인상적인 것은 일본 시민도 반대했다는 것이다. 두 번째 울산 무기화학 건설 사건은 6가크롬 배출공장인 일본화공이 울산에 공장을 이전하여 1975년부터 가동하면서 울산 지역 공해 피해의 전형적 사례가 된 사건이다. 세 번째 1975년 산업쓰레기 수입 사건은 일본의 산업폐기물 처리업자가 톤당 5-6만 원씩 드는 폐기물 처리 비용의 절약을 위해 석유화학 공정에서 배출된 폐기물과 폐유 찌꺼기를 한국의 수입업자에게 수송비, 하역비, 처리비 등의 명목으로 톤당 2-3만 원에 양도한 사건이다. 정부는 공해 수입으로 인한 피해를 알고도 의도적으로 묵인했으며 공해문제 논의는 금기시되었다. 그러다가 심각한 공해문제가 발생하고 주민들의 집단 이주 등의 문제가 발생했다. 그 결과 공공투자가 불가피하게 되었고 이것이 지방정부의 재정 상태를 압박하여 환경에 대한 비교우위가 사라지게 되었다(환경과공해연구회, 1991).

한국의 환경 문제

한국인의 전통적 생활방식은 한국의 기후와 환경에 잘 어울리는 것이었다. 쌀 등 곡물과 채소 위주로 식사했고 에너지 효율적인 집에서 살았다. 집들은 연이어 붙어 있지 않아 바람길이 있어 통풍이 잘 되었다. 집은 작으나마 마당, 뒤뜰, 돌아가는 길들이 있어 건물마다 주변에 바람이 통하게 되어 있다. 집들은 자연 재료로만 만들어져 수명을 다하면 그대로 자연으로 돌아가 건축 폐기물이 나오지 않았다. 짚으로 만들어진 지붕은 가벼워 기둥에 거의 압력을 주지 않았고 비나 눈이 오면 짚의 결을 따라 흘러내려 지붕이 새지 않았다. 또한 짚은 속이 비어 있어 탁월한 단열재 역할을 했다. 기둥으로 쓰인 소나무 목재는 겉은 연질이지만 속심에 썩지 않는 송진이 있어 집이 오래되어도 넘어지지 않았다. 흙으로 된 벽은 낮에 태양열을 흠뻑 받아들이고 차가운 밤에 실내로 열을 방출했다. 흙은 열기와 냉기를 차단하기 때문에 여름에 시원하고 겨울에 따뜻했다. 문, 벽, 바닥, 서까래에 바른 한지는 추위와 열기를 차단하고 공기를 통하게 하며 습도를 조절했다. 문의 창호지는 적절히 햇빛을 차단하여 커튼 역할을 대신했다(한미라·전경숙, 2004). 집의 모든 재료가 통풍을 쉽게 하여 천장이 낮고 방이 좁아도 크게 답답하지 않았다. 이후 현대식으로 개량되어 시멘트와 유리가 쓰이면서 집 내외부의 공기는 통하지 않게 되었고, 이에 쾌적한 내부 공기를 위해 층높이를 높이게 된다.

온돌 기술이 적용된 독일 베를린 국회의사당.

한국의 전통적 에너지 사용 방식도 효율적이었다. 서양의 벽난로는 전체 열의 5분의 1만 방 안에 전달되고 종종 연기가 실내에 들어오지만, 온돌은 열을 구들에 저장해 오랫동안 방을 따뜻하게 유지한다. 아궁이에서 음식을 조리할 수 있어 요리와 난방을 동시에 해결한다. 온돌의 효능은 오히려 일본과 서구가 주목하여 이에 기반을 둔 복사냉난방법을 개발했고 현재 한국이 이를 역으로 수입하는 상황이다. 온돌 방식은 베를린 국회의사당, 파리 루이뷔통 박물관, 북유럽의 항공기 격납고, 소아 병원, 실내경기장에 응용되었다. 2017년 핀란드 냉난방회사 우포너에 따르면 연간 복사냉난방 시장 규모는 약 3조 원에 이른다(한경뉴스, 2017.6.11).

한국을 포함하여 아시아의 전통적 농업 방식은 토지를 약탈하지 않았다. 아시아 농업은 서구 기술이 들어오기 전까지는 오랜 세월 동안 순환적인 물질대사가 원활하게 돌아가는 시스템을 유지했다. 그 중심에는 거름의 사용이 있다. 중국, 한국, 일본을 돌아보고 농사를 관찰한 미국의 토양학자 프랭클린 킹(Franklin Hiram King)은 1911년 『4천 년간의 농부』라는 책을 썼는데, 그는 동아시아에서 거의 4,000년 전이나 다름없는 토양이 보존되어 있는 것에 감명을 받았고 또한 그 비결이 인분의 퇴비화라는 데 크게 놀라고 감탄했다(김종철, 2019). 그러나 서구인들은 인분을 퇴비로 쓰는 것을 더럽고 야만적이라고 생각했다.

한국 농촌이 황폐화된 것은 일제강점기부터다. 그 이전까지는 종자에 오물을 부착하거나 파종기를 조절하거나 윤작을 하는 등의 방법으로 병충해를 방지했다. 그러다가 2차 세계대전이 발발하자 군량미가 많이 필요해졌고 이에 일제는 대대적인 쌀 증산을 위해 화학비료를 사용했다. 그 결과 토지가 산성화되어 지력이 감퇴되었고 벼가 썩어 죽는 경우가 늘어났으며 병충해에 대한 저항력도 약해졌다. 해방 후 미국에서 농약이 들어와 사용되었고 쌀 증산을 위한 화학비료의 과다 투입으로 지력이 더 저하되었다. 또한 농민은 농약 중독으로 고통을 겪었다. DDT, BHC 등의 농약은 잔류성이 문제가 되어 미국에서 1970-1971년에 걸쳐 사용이 규제되었고 일본에서도 1971년에 판매가 금지되었는데 우리나라에서는 1973년에 사용이 제한되고 1979년에서야 생산이 전면 중지된다. 1981년 국립보건원 조사에 의하면 농민의 82퍼센트가 농약 중독을 경험했으며 32.8퍼센트가 요양 치료를 요할 만큼 중증을 앓았다. 당시 우리나라의 농약 중독자는 10만 명당 25.4명으로 미국 캘리포니아주의 10배에 달했다. 토질 악화도 심각해졌다. '1983년 전국 농경지 현황'에서 우리나라 전체 논의 66퍼센트가 생산성이 낮아 토질의 개량이 시급하다고 지적되었다(환경과공해연구회, 1991).

김종철은 1970년대 중반을 분기점으로 농촌이 사실상 몰락했다고 본다. 박정희 정부 시기 공업화와 저곡가 정책은 대량 이농을 초래했고 농촌에서는 줄어드는 인구로 인해 대대적으로 농약, 화학비료, 기계화가 확산되었다. 그 결과 다시 농촌에 잉여 인력이 발생하여 이들이 다시 도시로 가는 악순환이 반복된다. 이로 인해 농촌 문제가 심각해지자 정부는 새마을운동을 전개한다. 즉 국가에 의해 농촌이 가난해졌는데 이를 농민의 게으름, 자력 갱생 의지 부족 등 근거 없는 정신적·도덕적 문제로 환원한 것이다(김종철, 2019). 〈새마을노래〉의 가사에 "초가집도 없애고"라는 말이 나오듯이, 농가의 집은 친환경적인 짚으로 된 지붕 대신, 여름에 뜨겁고 겨울에 추운 슬레이트 지붕으로 바뀌었다. 또한 새마을운동은 마을 간 경쟁, 마을 내 경쟁을 부추겨 주민들의 공동체 의식을 약화했다.

2007년에는 아예 농업을 포기하자는 분위기가 형성된다. 김경환 교수는 "김영삼 정부 때부터 비싼 땅값이 기업경쟁력을 떨어뜨린다는 이유로 공급 확대의 필요성이 제기됐다"고 지적했고 김정호 자유기업원 원장은 '농지 보전' 정책에 회의를 표시했다. 김정호 원장은 심지어 "식량 안보를 위해서는 식량 비축이 필요하지 농지를 갖고 있을 필요는 없다"며 "농지보다는 곡물 딜러를 확보하는 게 더 중요한 안보 수단이다"라고 주장했다(《매일경제신문》, 2007.4.26). 2008년 한국은 세계 4위의 농

김종철　　　　　　　　　　　　　· 생태 개념어 쪽지 ·

김종철(1947-2020)은 1980년대 말부터 생태주의와 환경운동에 전념하면서 1991년 10월에 격월간지 《녹색평론》을 창간했다. 《녹색평론》은 당시 한국 사회에서 유례를 찾아보기 어려운 잡지로서, 전국 각지에서 독자 모임 활동도 활발히 전개되었다. 2004년 이후 10여 년간 '일리치 읽기모임'이라는 시민강좌도 진행했다. 또한 2011년 3월 후쿠시마 핵발전소 사고를 계기로 한국의 녹색당 창립을 위한 활동에 참여했다.

산물 수입국이 되었으며 곡물 자급률은 20퍼센트대에 머물렀고 그나마 갈수록 떨어졌다(김종철, 2019). 2020년 곡물 자급률은 20.2퍼센트인데 쌀을 빼면 2.6퍼센트에 불과하며 OECD 국가 중 최하위에 속해 있다(김성찬, 2022).

농업의 황폐화는 정부가 공업화를 앞세워 공해문제에 눈감은 결과다. '공해'란 말도 공업화의 추진과 함께 사용되기 시작한다. 1960년대 정부는 경제성장, 수출에만 노력하고 공해문제에 둔감했다. 공해를 단속하는 공무원은 단속 대상 기관에 미리 연락을 하고 출동에 나서기도 했다. 유엔환경계획기구는 GNP에 대한 최소한의 환경투자 비율을 선진국은 1-2퍼센트, 개발도상국은 0.5-1퍼센트로 권장했으나 한국은 당시 0.05퍼센트에 불과했다(환경과공해연구회, 1991).

환경오염이 심각한 단계에 이르렀을 때 정부는 1970년대 중반 '자연보호운동'이란 관제 운동을 벌여 공해문제를 호도했다. 공무원, 직장인 등이 '쓰레기 줍기'에 동원되어 마치 정부가 자연보호에 앞장서는 듯한 모양새를 보였으나 독성물질인 아황산가스나 중금속이 이러한 자연보호운동으로 해결될 수 있는 것은 아니었다. 독성물질의 확산은 환경을 고려하지 않은 중화학공업 육성의 결과였다. 정부는 중화학공업단지 입지 선정 과정에서 용수, 전력, 교통, 통신 등의 공공시설과 노동력 확보, 땅값 등의 문제만 고려했지 환경보전에는 신경 쓰지 않았다. 따라서 노동력이 풍부하고 공업용수 등 사회기반시설이 잘 되어 있는 농업이나 어업 중심지가 선정되었다. 그 결과 곡창 지역인 4대강 유역이나 수자원 보고인 광양만, 마산의 진해만, 영일의 울산만, 온산만 등 임해 지역에 공단이 집중적으로 배치돼 1차 산업의 피해가 커졌고 토양, 해양, 하천 등의 오염으로 생태계가 파괴되고 자원이 고갈되었다(환경과공해연구회, 1991).

정부는 1977년 말에 와서야 형식에 지나지 않던 공해방지법을 폐지하고 환경보전법을 제정한다. 공해의 범위는 포괄적으로 규정되었다. 제2조에서 환경오염은 '사람의 건강에 위해를 주거나 환경을 저해하는 대기오염, 수질오염, 토양오염, 소음, 진동 또는 악취 등'이라고 정의되어 그동안 쓰였던 공해란 말 대신 환경오염이란 용어가 사용되었다. 1980년에 환경청이 발족했고 환경 기준과 배출 허용 기준, 환경영향평가제

공해 · 생태 개념어 쪽지 ·

1960년대 초 '공해'란 말이 일본을 거쳐 한국에 들어온다. 이는 법률 용어로 쓰인 'public nuisance'를 번역한 말로서 피해 대상이 한정되어 나타나는 '사해(private nuisance)'와 구별된다. 즉 공해의 피해자는 불특정 다수가 됨을 뜻한다(환경과공해연구회, 1991).

도가 도입되었다. 뒤이어 1990년에 환경정책기본법, 1993년에 환경영향평가법이 제정된다. 또한 쓰레기종량제 실시와 재활용 방안이 강화되는 등 환경정책의 수단이 다양해졌다(강미화, 2001).

그러나 환경 문제에 대한 법적, 제도적 보완이 무색하게 개발은 지속되었다. 서울시는 1982년부터 1986년까지 한강 개발을 목적으로 4년간 7천억 원이 넘는 돈을 투입하여 수심을 깊게 팠다. 그 결과 홍수를 예방하는 효과가 있었으나 1988년 봄부터 여름까지 갈수기에 물의 흐름이 느려져 극심한 오염과 물고기 떼죽음을 일으키는 등 환경의 관점에서는 사업의 의미가 전혀 없었다는 비판이 일었다. 이후 이명박 정부의 4대강 사업도 마찬가지로 강에 녹조가 생기게 하여 환경 파괴 및 예산 낭비라는 비판을 받았다. 도시의 공기질도 매우 나빠졌다. 1985년 환경청의 조사에 의하면 서울의 거의 모든 지역에서 부유 분진의 농도가 기준치를 넘었다. 국립환경연구소의 1985년 조사에 따르면 서울뿐 아니라 대구, 부산, 광주, 대전 등 주요 도시 대부분이 먼지로 뒤덮여 있었다(환경과공해연구회, 1991).

환경운동의 등장

1960년대에 전 세계적으로 환경 문제의 심각성이 인식되고 이것에 대한 해결 방안이 모색되면서 생태학의 원리들을 인간 삶에 적용해야 한다는 움직임으로서 생태주의가 탄생했다. 이렇듯 환경운동의 이념인 생태주의는 자연과학으로서의 생태학에 그 뿌리를 둔다. 미국과 서유럽을 중심으로 한 생태주의 환경관은 20세기 들어 급속히 발전한 생물학에 힘입은 것이기도 하다. 배리 카머너(Barry Commoner)는 생태학의 네 가지 법칙을 다음과 같이 제시했다. 첫째, 모든 것은 다른 것과 연결되어 있다. 즉 서로 영향을 미친다. 둘째, 모든 것은 어딘가로 가야 한다. 즉 물질은 순환한다. 셋째, 자연이 가장 잘 안다. 즉 자연계에서 인위적 변화는 그 시스템에 해롭다. 넷째, 공짜 점심은 없다. 즉 모든 이득은 대가를 지불해야 한다. 이러

생태학　　　　　　　　　　　　　· 생태 개념어 쪽지 ·

19세기에 생물학의 하위 분야로 등장한 생태학은 기존의 생물학과 달리 생물과 생물, 생물과 비생물 사이의 상호작용에 초점을 두며 이러한 관계를 전체 시스템으로 이해하려고 했다. 세상을 분절적·기계적 관점으로 보던 전통적 과학관과 달리, 생태학은 전체론적 관점으로 유기적 관계를 주목했고 이에 따라 전체성, 연결성과 같은 생태학의 원리들이 도출됐다.

한 생태학의 원리를 수용한 생태주의는 인간 사회가 이 원리에 기초하여 재구성되어야 한다고 주장하는 이념이다. 생태주의는 생태계의 모든 존재를 평등하게 보는 생태 중심적 윤리, 사회정의에 가치를 둔 수정된 인간 중심적 윤리를 기반으로 한다. 즉 생태주의는 생태학의 원리와 평등·정의의 윤리를 기반으로 우리의 삶과 사회를 바꾸고 이를 통해 환경 문제를 해결하고자 하는 실천적 담론이다(김희경, 2012).

해양생물학자인 레이철 카슨(Rachel Carson)은 1962년 『침묵의 봄』을 출판하여 합성살충제가 자연에 어떤 해악을 끼치는지 알리고자 했다. 1960년대 후반부터 1970년대 전반에 걸쳐 미국의 생태주의 사상이 유입되고, 일본의 극심한 공해 뉴스가 큰 충격을 주어 서유럽에서 환경운동이 활성화된다. 이후 공해 반대 운동은 선진국에서 하나의 문화로 뿌리를 내린다. 일본에서는 '공해론'이라는 학문 분야가 생긴다. 선진국에서 환경을 전문적으로 다루는 정부 부처가 잇따라 만들어지고 국제적 차원의 환경보호 노력이 시작된다. 1968년에 유엔이 온실효과 문제를 제기했고 1970년대 초 로마클럽이 『성장의 한계』라는 보고서를 발간한다. 또한 "하나밖에 없는 지구를 지키자"는 운동이 활발하게 전개된다. 1972년 12월 유엔총회에서 스웨덴이 중심이 되어 '인간환경에 관한 국제회의'가 제안되었다. 서구에서 환경운동이 주로 정당, 지식인, 전문가, 학생에 의해 주도되다가 1970년대 들어서면 핵발전소의 건설과 공장 공해에 항의하는 지역 주민들의 운동이 일어난다. 또한 1970년대에 GNP 성장만을 발전으로 본 1950년대식 사고에서 벗어나 환경 문제를 포함한 통합발전(Integrated Development) 개념이 등장하여, 환경·기술·경제·사회적 측면의 상호작용이 중시된다. 특히 제3세계 발전론 학자인 이그나치 작스(Ignacy Sachs)가 대표적이다(환경과공해연구회, 1991).

환경보호에 그치는 것이 아니라 인식과 삶의 근본적 변화를 촉구하는 심층생태주의도 등장한다. 아르네 네스(Arne Naess)는 인류가 새로운 생태적 관점에 따라 철학적 세계관, 문화, 생활양식을 전면적으로 바꿔야 한다고 주장한다. 또한 지구를 모든 생명체가 함께 살아가는 서식처로 인식하여 낭비적 생산과 소비를 지양하고 물질보다는 정신적 풍요를 추구해야 한다고 강조했다. 그에 의하면 심층생태주의는 다양한 철학과 종교에서 출발할 수 있지만 거기에만 머물지 않고 이타적 의식과 다양성, 공생의 실현을 이끌며 사람들이 자신들의 생활양식을 바꾸고 사회를 변화시키도록 독려한다. 심층생태주의를 정교화한 빌 드발(Bill Devall)과 조지 세션스(George Sessions) 역시, 전일성과 통합성, 소박한 삶을 심층생태주의의 주요한 특성으로 제시했다(김희경, 2012).

환경에 대한 국제사회의 관심도 확대된다. 프레온의 오존층 파괴를 막고자 1985년 3월 '오존층 보호를 위한 비엔나협약'이 채택된다. 1987년 9월에는 염화불화탄소 생산의 구체적 삭감 계획이 포함된 몬트리올의정서가 채택된다. 유엔환경경제기구의 주도로 이루어진 이 의정서는 중국, 인도 등 제3세계 국가를 제외한 전 세계 거의 모든 나라들이 참여한 보기 드문 지구적 합의다. 1989년 5월에는 유럽의 주도로 2000년까지 염화불화탄소의 사용을 전면 중지하자는 내용이 제3세계 국가의 참여하에 합의된다. 인도, 중국, 한국 등은 선진국의 규제에 맞서서 대체 기술의 무료 이전, 국제적인 환경기금의 설치, 규제 조건의 완화를 주장하여 양보를 얻어냈다. 이미 환경을 파괴한 선진국이 뒤늦게 개발하기 시작한 국가에게 똑같은 대가를 요구하는 것은 불평등하다는 주장이 설득력을 얻었기 때문이다 (환경과공해연구회, 1991).

핵발전소 사고도 환경에 대한 경각심을 일깨웠다. 1979년 미국 스리마일섬 핵발전소의 방사능 누출사고로 핵발전소 반대 운동이 크게 일어났고 이후 30여 년간 미국에서 핵발전소 건설이 중단된다. 1986년 설계 결함과 실험 중의 실수로 일어난 체르노빌 핵발전소 사고는 인류 최대의 참사였다. 이후 핵발전소가 배척되기 시작하여 세계 각처에서 반핵 시위가 벌여졌다. 각국 투표에서 핵발전소 해체가 압도적으로 찬성표를 얻었고 1987년 독일에서 녹색당이 27석에서 42석으로 증가했다. 지구환경 문제를 주제로 한 국제회의가 1987년에 3회, 1988년에 7회 열렸으나 1989년에는 거의 매달 열렸다. 1989년은 환경 문제가 세계적 관심사로 떠오른 해다(환경과공해연구회, 1991).

그 밖에 아르메니아의 화학공장 폐기물 매립지 설치 반대 운동, 우크라이나의 운하 건설 및 핵발전소 건설 반대 운동 등이 전개되었다. 중국도 이미 1984년에 2차 국가환경보호회의를 개최하여 2000년까지 중국의 생태계 파괴를 역전시킬 계획을 수립한다. 소련은 1987년 12월 환경보호와 자원의 합리적 이용을 위한 장기계획 수립에 착수했고 1988년 2월 공해 기업을 엄격히 규제하는 새 법을 공표한다. 동구에서 가장 활발한 환경운동이 이루어진 헝가리에서는 '다뉴브서클'을 중심으로 생태주의 운동이 치열하게 전개된 결과 1988년 1월 동구권 최초로 환경부가 설치되었다(환경과공해연구회, 1991).

지구온난화는 1988년 6월 캐나다에서 열린 토론토 지구 환경국제회의에서 본격적으로 논의된다. 이때 채택된 선언문은 "지구 전체의 기온상승과 이산화탄소 등 온실가스의 대기 중 농도 사이에는 높은 상관관계가 있으며, 대기 중 이산화탄소 농도를 안정시키기 위해 온실가스의 배출량을 50퍼센트 이상 삭감해야 하고 이를 위한 1단계 조치로 2005년까지 이산화탄소 배출량을 1988년 수준의 80퍼센트선으로 삭감시킬 것"을 제시했다. 지구온난화를 논의하는 기구는 유엔환경회의와 세계기상기구가 설치한 '기후변화에 관한 정부간 위원회(IPCC)'였는데, 이산화탄소의 규제는 프레온가스와 비교가 안 될 정도로 산업에 미치는 영향이 커서 국가들의 반응이 각기 달랐다. 유럽이 가장 적극적으로 앞섰고 미국, 소련, 중국, 동구 등 석탄, 석유와 같은 이산화탄소 배출량이 많은 연료를 주로 쓰는 나라들은 소극적이었다. 규제에 적극적인 나라들 가운데 프랑스, 캐나다 등은 핵발전소와 전기를 수출할 욕심에서, 일본은 환경보전기술을 수출하려는 속셈에서 지구환경보전을 주장하기도 했다(환경과공해연구회, 1991).

2015년 채택된 파리 협정으로 전 세계 각국은 기후변화 완화를 위해 온도 상승폭을 산업화 이전 대비 섭씨 2도 이하로 유지하고 더 나아가 상승 폭을 섭씨 1.5도 이하로 제한하기 위해 노력하기로 약속했다. 각국은 온실가스 감축 목표를 스스로 정해 국제사회에 약속하고 이 목표를 실천해야 하며 국제사회는 그 이행에 대해 검증하게 된다. 협정이 이행되려면 2030년까지 온실기체 배출량을 절반으로 줄여야 하고 2050년까지 온실기체 순배출량을 0으로 만들어야 한다. 기후위기가 더 큰 기후위기를 초래하는 양성 피드백을 일으키는 티핑포인트가 현재 7.3년 남아 있는 상황이다. 이를 막기 위한 2050탄소중립을 이루려면 현재 매년 IMF 외환위기 때의 두 배에 달하는 감축을 이루고 1970년대 수준의 삶으로 돌아가야 한다고 한다(신승철, 2022a). 이러한 실천 없이는 미래 세대의 삶을 기약할 수 없을 것이다. 그런 이유에서 그레타 툰베리(Greta Thunberg)가 촉발한, 기후위기에 대한 청소년 행동이 한국을 포함하여 전 세계적인 청소년들의 행동으로 전파되고 있다.

녹색당의 목표와 정책

서구 환경운동의 확대와 심화는 녹색당 창당으로 꽃을 피웠다. 특히 성공적 사례로 보이는 독일 녹색당은 1979년 환경보호와 핵 폐기를 목표로 250여 개의 환경단체들이 연합하여 창설됐다. 체르노빌 핵발전소 사고는 녹색당의 영향력을 강화해 의회 진출을 가능하게 했다. 녹색당은 동서독 통일 후 1993년 구동독의 '동맹90'과 합병하여 당명을 '동맹90/녹색당'으로 개칭한다. 1994년에 7.3퍼센트의 지지율로 의회 49석을 얻고 1998년 6.7퍼센트의 지지율을 얻어 사민당과 함께 환경정당으로는 세계 처음으로 집권에 성공했다. 독일 녹색당의 영향으로 프랑스, 영국, 이탈리아 등에 녹색당이 생겨났고 이어 뉴질랜드, 캐나다, 미국 등에 환경을 위한 정당들이 탄생했다.

동맹90/녹색당은 여성운동, 평화운동, 인권운동의 사상을 결합하여 생태, 자결, 확대된 정의, 살아 있는 민주주의, 폭력으로부터의 자유, 인권 보호를 목표로 한다. 무엇보다 '생태 정당'으로서, 산업적 약탈과 자원의 과잉 사용을 통해 위협받게 된 자연적 생활토대의 보전과, 과거로의 회귀가 아닌 산업사회를 지속가능하게 변화시켜 생태를 보전하는 것이 주요 목표다. 지속가능성, 국제적 협력, 생활의 질의 성장도 포함된다. 당이 내세우는 정의는 성평등, 참여(공동결정에 모두가 접근), 세대, 국제(가난한 지역에 대한 부유한 지역의 책임), 연대이다. 정의는 연대와 시민의 참여를 필요로 하며, 국가는 그 크기나 힘의 정도가 중요한 것이 아니라 어떤 역할을 하는지가 중요하다고 본다. 또한 국가는 공공업무를 시민들과 함께 해결해야 한다고 당은 주장한다(전종덕·김정로, 2018).

당이 추구하는 '자유'는 순수한 시장 자유, 경쟁의 자유로 협소화되지 않으며 해방과 자결의 기회, 개인의 강화를 추구한다. 개인의 행동 자유는 법령에 의해서는 물론이고 지속가능성이라는 행동 준칙 방향에 의해서도 제한된다. 개인의 자유권과 정치적·경제적·사회적·문화적 권리, 발전에 대한 권리, 생태적 권리는 함께 가는 것으로 보았다. 당은 동시에 '개인화' 즉 현대인들이 과거에 비해 더 독립적이고 자기의식적이 되었음에 주목한다. 사회의 다양성은 바람직하다고 보며 다원주의를 위해 노력한다. 동시에 개인화는 분절화, 탈연대로 인해 전통적인 사회적·문화적 연대를 약화했으므로 새로운 형태의 사회적 결합과 연대가 강화되어야 한다고 보았다. 또한 새로운 사회적 안전의 설계가 필요하다고 주장한다(전종덕·김정로, 2018).

민주주의에 대해서는 다양성을 주장한다. 민주주의란 시민들이 자신의 관심사를 적극 표명하고 공개적인 정치적 결정 제도로 가져갈 수 있는 사회를 의미하는 것으로, 이러한 사회에서 환경보호가 가장 빠르게 추진된다고 보았다. 또한 당은 '평화'를 목표로 한다. 무력 사용을 억제하고 비폭력 분쟁 해결을 장려한다. 테러에 대해서는 그 주모자뿐 아니라 테러리스트가 생겨난 근거가 된 증오의 원인과 싸워야 한다고 강조한다. 유엔의 강화가 중요하며 저개발국을 지원하는 연대적인 국제적 환경정책이 내전과 무력 사용 예방의 중심 요소가 된다고 보았다. 한편, 무역과 금융시장의 세계적인 연결이 세계의 분열을 가져왔다고 본다. 시장과 정보가 세계적으로 연결되면서 빈부격차가 사회 내에서 또한 세계적으로 커지고 있다고 강조한다. 환경 문제 해결을 위해서는 세계환경기구가 새로운 환경 협약을 추구해야 하고 세계무역기구에 이 협정 이행을 강제할 수 있어야 한다고 주장한다. 또한 현대적이고 환경 친화적인 기술을 새로운 산업국가에 이전해야 한다고 보았다(전종덕·김정로, 2018).

정책적인 면을 살펴보면, 우선 경제 영역에서는 생태적 순환경제를 목표로 한다. 개인 소유, 공동체 소유, 협동조합 소유를 포괄하는 차별화된 소유권 정책을 지지한다. 재산권의 사회적 책임을 촉구하며 세금과 공과금에서의 정의를 중시하고 출발 기회가 균등한 질서의 규범을 위해 노력한다. 이를 위해 직업교육, 재교육, 창업 기회의 마련을 위해 노력하고, 적정 가격의 임대주택을 충분히 공급해야 한다. "사회적 도시" 사업을 통해 노동시장 정책, 경제 및 사회 정책, 문화 및 건축 정책을 패키지화하고 이웃 친교와 자조를 뒷받침한다. 생태적-사회적 시장경제는 사회의 강화를 요구하여 국가의 시민사회에 대한 자금 지원을 중시한다. 국민총생산이 더 이상 번영 복지의 척도가 아니며 생태학적 후속 비용을 포함하는 환경경제총계정으로 확장되어야 한다고 지적한다. 즉 생태적 결과비용도 포함하는 생태국민생산으로 확대되어야 한다는 것이다. 생태경제는 새로운 일자리를 창출한다고 보았다. 재생에너지원에 기초한 분산된 에너지 경제는 자본 집중적인 핵에너지보다 더 많은 고수준의 일자리를 제공한다. 물건을 버리는 경제에서 순환경제로 이행하면 정비, 수리, 재사용을 위한 일자리가 많이 제공될 것이라는 것이다. 노동과 관련해서는 다양한 노동 개념을 지지한다. 가사노동, 돌봄 및 간호노동, 공동체 노동 등이 그것이며, 미지급 '돌봄경제'를 여성에게만 일방적으로 할당하는 것을 반대한다. 또한 높은 임금 외의 비용을 체계적으로 축소할 것을 요구한다(전종덕·김정로, 2018).

교통과 관련해서는, 지역 중심의 재화 순환이 세계적인 운송망보다 우선시 되어야 하고 식량은 가능한 한 소비자 가까이서 생산되어야 한다고 보았다. 단거리 이동으로 모든 것이 해결되는 도시가 이상적이며, 도시 내 다양한 기능이 상호 밀접하게 결합되어 주거, 일, 여가, 교육, 쇼핑이 장거리 교통수단 없이 이루어지는 것이 목표다. 자동차 교통은 도시와 농촌의 삶의 질을 떨어뜨리므로, 불필요한 교통을 줄이고 도로와 항공교통을 철도교통으로 전환하여 오염을 막자고 주장한다. 도로교통은 도로 파손과 환경 비용을 부담하도록 하고, 교외 도로에서의 속도 제한이 필요하다고 강조한다. 당의 이러한 정책은 환경세, 철도 투자 증대, 화물자동차 통행세, 자전거 종합계획을 촉구하여 교통 정책 방향 전환에 큰 자극을 주었다. 자전거 친화적인 주거 지구 모델은 자전거 비율을 증가시켰다. 공공교통은 개인적이고 매력적인 것이 되어야 하고 개인교통은 공공적이고 사회적인 것이 되어야 한다고 지적한다. 또한 공항 주변 주민의 야간 휴식 우선권, 비행기의 야간 운항 금지도 촉구했다(전종덕·김정로, 2018).

기술에 대한 것을 보면, 유전공학은 윤리적 경계를 무시하고 유전자조작생물 방출로 책임질 수 없는 위험을 조성하므로 비판한다. 되돌릴 수 없는 거대 기술보다, 결점이 많더라도 적응된 기술에 우선권을 줄 것을 요구한다. 무엇보다 기술 혁신을 통한 최대의 에너지 효율성과 자원 효율성으로의 방향 전환이 과제다. 세계적 통신망은 민주적 참여와 사회적 조직화의 새로운 기회를 제공하며 새로운 일자리를 창출하여 과거 일자리를 대체할 것으로 보았다. 에너지 공급의 미래는 태양과 분산으로 보았다. 태양, 풍력, 바이오매스, 지열, 수력, 해양 에너지 등 재생가능에너지는 세계적으로 넘친다는 것이다. 핵발전은 미래의 에너지 경제를 전혀 책임질 수 없는 선택지로 보았다. 핵발전소와 핵폐기물저장소는 군사 및 테러 공격에 안전하지 못하며, 핵폐기물은 천 년 이상 방사능을 배출한다는 것이다. 반면 수소공학 기술은 분산된 에너지 공급이라는 장점 외에 재생에너지원으로부터 에너지를 생산하는 장점도 있다. 당은 또한 저개발국가에 재생에너지 기술 이전을 보장할 대책을 지원할 것이라고 강조한다. 환경보호 외에 저개발 지역의 빈곤과의 싸움에서도 재생에너지 제공은 필수적인 전제라고 보았다(전종덕·김정로, 2018).

인구와 이민 문제에 대해서는 노인의 적극적 통합에 중점을 둔다. 또한 조세, 교육, 고용제도의 변화를 강조하며, 개인의 망명권을 옹호한다. 인간과 동물의 관계도 새롭게 숙고하고 규정한다. 동물도 권리를 가진다는 것을 인정하고, 동물보호과 환경 친화적 경제가 서로 의존하게끔 한다. 동물에 고통을 주는 사육 방식을 반대하고 모피와 같은 사치를 위해 동물을 죽이는 것을 비판한다. 동물보호는 고기잡이와 낚시에도 적용되며 동물 실험을 대신할 대안적 방법 마련을 촉구한다(전종덕·김정로, 2018).

이러한 동맹90/녹색당의 강령은 정치적·현실적 조건을 고려하며 실천하는 생태시민에게 좋은 참고가 될 것이다. 또한 분단된 한반도에서 생태위기의 극복뿐 아니라 평화와 통일을 지향하는 한국 녹색당에게도 시사하는 점이 적지 않을 것이다.

한국에서는 2012년에 녹색당이 생태주의, 풀뿌리민주주의, 사회정의, 탈성장, 비폭력과 평화의 기치를 내걸고 창당되었다. 당헌을 통해 "풀뿌리당원들이 중심이 되는 정당, 지역분권적인 정당, 직접민주주의와 추첨제 등 다양한 민주적 원리들이 살아 숨 쉬는 정당, 내부에서부터 평등이 실현되는 정당, 여성, 청년, 장애인, 이주민, 소수자 등 기존 정치로부터 소외된 사람들의 목소리가 반영되는 정당, 문턱이 낮은 정당"을 지향함을 밝혔다. 강령 전문에서는 "성장과 물신주의, 경제 지상주의를 넘어서는 정당이며, 화석연료와 핵에너지를 넘어선 태양과 바람의 정당, 문명사적 전환을 만드는 녹색정당, 반정당의 정당"이라고 소개하고 있다. 강령 본문의 세부 항목은 생태적 지혜, 사회정의, 직접·참여·풀뿌리민주주의, 비폭력 평화, 지속가능성, 다양성 옹호, 지구적 행동과 국제연대다.

그중 "생태적 지혜"에서는 화석연료 기반의 산업사회, 개발주의, 성장주의, 경쟁과 차별의 문화, 핵에너지의 확대, 공장식 축산업, 과도한 육식 문화의 문제를 지적하며, 그 대신에 에너지 소비 감소, 재생가능에너지원의 활용, 탈성장, 탈핵, 야생동물의 보호, 공동체와 개인의 행복과 성숙, 식량 자급을 지향하고, 먹거리·문화·노동이 어우러지는 농업을 기반으로 한 마을공동체와 지역순환사회를 만들어가겠다고 밝히고 있다.

"사회정의"에서는, 공정성 제고, 불평등 감소, 자원·환경·교육·의료·주거 등 모든 분야에서의 보편적 인권의 실현, 초

평화의 섬 제주도의 아름다운 풍광 뒤로 보이는 해군기지. 녹색당은 모든 전쟁을 반대하고 군축과 평화협상을 지지한다.

국적 투기 자본에 대한 규제, 공정무역을 비롯한 전 지구적인 나눔과 연대의 실천, 국민의 알 권리 실현, 사회 투명성 제고, 노동의 권리 옹호, 삶의 여유 회복을 강조하며, 지구 생태계와 모든 생명, 그리고 인간이 공존할 수 있는 정의를 실현하고자 한다고 주장한다.

"직접·참여·풀뿌리민주주의"에서는, 국민·주민소환, 국민·주민발의와 같은 직접민주주의 강화, 주민참여제도 강화, 정당명부식 비례대표제 전면 실시, 선거권과 피선거권 연령 하향, 교사·공무원의 정치 참여 보장, 지역분권 확대, 지역 순환 경제와 사회를 추구한다고 밝혔다.

"비폭력평화"에서는 모든 전쟁 반대, 대한민국의 전쟁 참여 반대, 한반도 평화와 통일 지지, 핵무기와 핵발전소를 포함한 핵의 제조·반입·보유 반대, 무기와 군대를 축소하기 위한 모든 평화협상 지지를 표명했다. 또한 국가주의 거부, 양심에 따른 병역거부자의 인권 옹호, 권위주의·가부장주의·남성 중심 문화 탈피, 성별·성적 지향·장애에 대한 차별 문화 거부를 강조했다. 비폭력 대화와 소통을 통한 관용과 존중의 문화를 만들고, 가정·학교·직장·군대 등 사회 모든 영역에서 생명의 존엄성을 해치는 신체적·정신적 폭력을 없애 나갈 것이라고 밝혔다.

"지속가능성"에서는, 에너지 절약, 핵에너지 사용 중단, 재생가능에너지 이용 확대, 지속가능한 에너지 체제로의 전환, 지역에서의 자원·에너지 순환 체계, 빈곤과 착취가 없는 지속가능한 공동체 경제로의 전환을 추구하겠다고 강조했다.

"다양성 옹호"에서는, 개개인의 자유와 자율성을 전제로 생태적·문화적·정치적·언어적·성적·종교적·영적 다양성을 존중하며, 소수자의 차이를 인정하고 옹호하여 창조적인 연결망을 만들어 나가겠다고 밝혔다. 의사결정 과정에서의 소수 의견 보호와 다수 의견 존중, 삶의 모든 부문에서의 여성과 남성의 평등 지향, 장애인·이주민·탈북주민·성 소수자 등의 인권 보호와 존중, 언론과 방송에의 자본과 국가 개입 반대, 독립적인 언론과 방송의 보호, 생물 다양성을 훼손하는 모든 기술·제도·정책·문화 반대, 다양성을 보존하는 모든 정책과 제도 지지를 선언했다.

"지구적 행동과 국제연대"에서는, 〈지구녹색당헌장〉의 존중과 실천, 국경을 넘는 연대, 타 국가와 지역의 녹색당 및 녹색 시민운동과의 소통, 녹색당 운동의 지구적 확산과 성장에의 기여를 강조했다.

2001년 회의에서 채택된 〈지구녹색당헌장〉은 1992년 리우 세계 녹색당 모임의 선언을 토대로 한 것으로, 서문 첫 문장에 "우리는 지구의 시민"이라고 선언하고 있다. 헌장에 의하면 이 지구의 시민은 지구의 생명력, 종 다양성, 아름다움을 "그대로,

---

지구녹색당　　　　　　　　　　　　　·생태 개념어 쪽지·

지구녹색당(Global Greens)은 전 세계 녹색당들의 협회 조직으로 2001년 캔버라 회의에서 창립되었으며 현재 아프리카 지역 26개, 미주 지역 13개, 아시아·태평양 지역 11개, 유럽 지역 35개 등 85개 정당이 정회원으로, 16개 정당이 옵서버로 참여하고 있다.

혹은 더욱 향상시켜서 다음 세대에 전해주는 것"을 의무로 자각하여 모였다. 또한 헌장은, 부유한 국가들의 약탈로 야기된 세계의 빈곤과 생태위기를 지적하고, 소수자·토착민·미래 세대의 권리를 강조한다. 원칙들로는, 생태적 지혜, 사회정의, 참여민주주의, 비폭력, 지속가능성, 다양성 존중, 정치 행동을 제시하고 있다. 생태시민은, 생태 문제의 지구적 특성으로 인해 지구시민이 될 수밖에 없으며, 따라서 〈지구녹색당헌장〉은 지구시민인 생태시민의 원칙과 실천에 중요한 지침을 제공한다고 할 수 있다.

한국의 생태주의와 환경운동

한국의 생태주의 운동은 식민지 전후 시기부터 그 맹아가 관찰된다. 크로포트킨 신봉자들은 식민지 시기 이전부터 근대화의 논리로 수용되고 있던 사회진화론을 상호부조주의로 대치시켰다. 또한 이에 기반하여 아나코코뮤니즘이 자리잡는다. 크로포트킨의 상호부조론은 전통 유가의 성선설, 묵가의 겸애론과 연결되어 이해되기도 했고 공맹의 원시 유교, 노자의 무치주의와도 잘 어울렸다(전상숙, 2009). 특히 신채호, 조소앙 등이 크로포트킨의 영향을 받았다. 신채호는 "아아, 크로포트킨의『청년에게 고하노라』란 논문의 세례를 받자! 이 글이 가장 병에 맞는 약방이 될까 한다."고 했다(김택호, 2009). 1931년에 《동아일보》가 경성 지역 여자 고보생 독서 경향을 조사한 결과, 여학생들이 크로포트킨의『청년에게 고함』을 즐겨 읽었다는 사실이 드러났다(천정환, 2003; 하승우, 2010). 유자명은, 크로포트킨의『상호부조론』은 "생존 경쟁이 생물 진화의 동력이라고 인정하는 다윈의『진화론』과 반대로 상호부조가 생물 진화의 주요 인소라고 주장"했다고 하면서 "당시 구라파 각국의 제국주의자들은 다윈의 생존 경쟁의 학설을 저들의 식민 침략전쟁을 변호하는 데 이용했다"고 비판했다. 반면 "크로포트킨의『상호부조론』은 침략을 반대하는 근거가 된다"는 것이다(조세현, 2005).

정이형도 크로포트킨을 인용했다. 당시 모두들 정치에만 관심이 있을 때 정이형은 다양한 결사체들이 조직되어 있는 시민사회가 기본 토대임을 강조하여 혜안을 보였다. 그는 또한 노농간, 도농간 연계를 강조했다. 즉 그는 "우리나라의 농민과 상민과 노동자가 유기적 연락을 갖지 못한 것은 실로 유감천만"이라고 하면서 "현재 농업 단계에 있는 우리는 농민으로서 노동자 될 수 있는 농장과 공장의 연락, 농촌과 도시의 연결이 필요한 동시에 노동자, 농민이 관련되는 조직이 필요하다"
고 보았다. 또한 "중간 상인의 존재는 극단 시간 내에 정리하
여 민족 내부에서 흡혈기생적 존재가 없도록 국민경제상 절대
필요한 구매조합으로 전국을 조직하지 않으면 안 될 것"이라
고 강조했다(장석준, 2017).

우치무라 간조의 영향을 받은 무교회주의도 한국 생태운동
의 뿌리가 된다. 김교신은《성서조선》1942년 3월호에 개구리
가 얼어 죽은 일을 묘사한 글을 실었다. 글 중, "혹한에 작은 담
수의 밑바닥까지 얼어서 이 참사가 생긴 모양이다. 동사한 개
구리 시체를 모아 매장하여 주고 보니, 담저에 아직 두어 마리
기어다닌다. 아, 전멸은 면했나 보다!"라는 문구를, 일제 당국
은 불순하게 보아《성서조선》을 폐지시켰고, 김교신, 함석헌,
유달영, 이찬갑, 장기려 등 필진은 물론 정기구독자 전원을 검
거했다. 한 일본인 형사가《성서조선》필자들에 대해 "독립운
동 하는 놈들보다 더한 최악질들"이라고 했을 정도로 이들은
비타협적이었다. 이들은 무교회주의자들이어서 제도권 교회와
도 갈등 관계에 있었다. 이들은 성직자도, 예배당도 필요없다
고 생각했으며, 루터의 '만인제사장'론을 내세우고 "교회 밖에
도 구원이 있다"고 주장했다. 김교신은, 자신들은 '무교회'란
말을 즐겨 쓰지 않는다고 하면서, 자신들은 "건드리지만 않으

면 아주 무난한 존재자"라고 했다. 제도권 교회는 이들을 극도로 혐오하여, 교인들에게 《성서조선》을 소개한 목사는 이단으로 몰렸고, 《성서조선》 독자라는 이유만으로 교회에서 쫓겨났다(김건우, 2017).

함석헌이 오산학교에서 무교회주의를 전파했을 때 성서 모임에는 이찬갑도 출석했다. 이찬갑은 《성서조선》에 글을 27편이나 실었으며 이후 충남 홍동에서 풀무학교를 세운다. 함석헌의 표현대로 "어쩔 수 없이 자본주의 제도하에서 살면서" 타인의 노동가치를 착취하지 않으려면, 결론은 소규모의 자급자족적 협동공동체 건설이었다. 이찬갑은 오산공동체를 만들어 보고자 했으나 실패했고 해방 후 1958년 홍동에서 주옥로와 함께 풀무학교와 풀무공동체를 시작한다. 풀무는 '녹슨 쇠붙이를 녹이고 정련해 새로운 농기구를 만든다'는 뜻으로, 당시 학교 교훈은 '위대한 평민'이었다. 현재는 '더불어 사는 평민'이다. 풀무학교의 모델은 덴마크 국민고등학교였다(김건우, 2017). 독일과의 전쟁에서 대패하여 비옥한 국토 대부분을 잃었지만 마침내 부흥한 덴마크의 역사는 당시 많은 한국인에게 큰 감명을 주었다. 김교신은 우치무라 간조가 쓴 『덴마크 이야기』를 여러 권 갖고 있으면서 사람들에게 나눠주었다.

이 책을 받은 류달영은 1952년 『새 역사를 위하여: 덴마크의 교육과 협동조합』이란 책을 출간했고 1961년 군사정부로부터 재건국민운동 본부장직을 받아 한국을 동양의 덴마크로 만들어 보고자 했으나 결국 정권에 이용당했다는 것을 알게 된다. 군사정부는 생태적 고려를 하지 않은 공업화를 밀어붙였다. 이에 피해를 입는 주민들이 속출하기 시작했고, 공단 주변 피해 지역 농어민을 중심으로 주민운동이 생겨난다(강미화, 2001). 독재정부는 이러한 주민들의 공해 반대 운동을 철저히 봉쇄했다. 환경영향평가에 주민 참여 기회는 없었고 공해 현황에 대한 자료는 공개되지 않았다. 공해 피해 실상에 대해 발표한 교수는 교직에서 물러나야 했다(환경과공해연구회, 1991).

그러나 이 시기 울산 지역을 중심으로 반공해주민운동이 최초로 등장한다. 울산은 한국알루미늄, 한국비료 등 공장 건설이 본격 가동되면서 공해 피해가 집중적으로 나타난 지역이

덴마크   · 생태 개념어 쪽지 ·

덴마크는 "밖에서 잃은 것은 안에서 되찾자"라는 구호 아래 황무지였던 유틀란트 반도에 나무를 심어 성공을 거둔다. 덴마크 농민들은 아메리카 대륙에서 오는 싼 농산물과의 경쟁에서 살아남기 위해 영국 로치데일생활소비자조합의 선례를 참고하여 전국 각지에서 협동조합을 만든다. 또한 그룬트비 주도하에 대대적인 민중교육기관(폴케호이스콜레)이 전국적으로 설립된다. 덴마크 부흥은 이러한 협동조합 운동과 민중교육 운동을 통해 달성되었다고 여겨졌다(김이경, 2018; 김종철, 2019).

다. 이에 울산 인근 삼산평야의 벼 피해가 극심해지면서 주민 운동이 최초로 발발했다(정상호, 2017). 이 시기 가장 대표적인 반공해운동은 온산 주민운동이다. 이 운동은 또한 최초로 외부 지원 세력과 연계투쟁을 벌인 운동이기도 하다. 이 운동은 온산에 공장이 설립되어 가동된 지 5년 만에 주민들 사이에 집단 괴질이 발생하여 벌어진 것으로, 이 병은 온산병이란 이름으로 사회문제화되었다. 온산 지역은 비철금속 단지로 1975년부터 개발되기 시작했는데, 동, 알루미늄, 납, 아연 등 4대 비철금속은 산업 발전에 따라 용도와 사용량이 증가한다. 그런데 이러한 비철금속은 제련 과정상 심각한 수질, 대기오염을 초래하여 선진국에서는 자국 내 제련 시설을 피하고 다국적기업의 현지 회사를 통해 제련광을 수입한다. 온산공단도 12개 업체 중 10개 업체가 일본, 미국과의 합작회사였다. 1970년대부터 공단 지역마다 호흡기 질환, 피부염, 안질 등 건강 피해가 심각해졌고 1980년대 들어서면서 신경통 증세를 수반하는 집단적 괴질로 번져 어린이, 청년 등이 모두 괴질에 시달렸다(환경과공해연구회, 1991).

울산을 통해 공해에 대한 인식이 높았던 온산 주민들은 8년간 공해 반대 운동을 이어갔다. 1978년에는 어촌계를 중심으로 피해자의 경제적 보상도 요구했다. 운동을 이끌었던 이석

원주에 있는 장일순의 생가. 원주 지역은 협동조합운동의 산실이 된다.

준은 일본 투쟁 사례를 연구하고 환경연구소 등에 자문을 구해 적극적으로 대처했다. 이후 이주추진협의회가 조직되어 주민들의 이주를 요구했다. 1980년대 들어와 온산병이 집단 괴질의 형태를 띠자 한국공해문제연구소가 중심이 되어 이 문제를 여론화하여 언론 매체가 활발히 보도했다. 5·18민주화운동의 영향으로 민주운동세력이 활성화되어 전 부문에 걸쳐 운동이 다양화된 것도 여론 조성의 한 요인이 되었다(환경과공해연구회, 1991).

환경운동은 1970년대 말에 더욱 전문성과 조직적 기반을 갖춘다. 주로 '공해 추방'을 쟁점으로 하여 환경오염 실태를 밝히거나 환경 문제의 중요성을 알리는데 주력했지만(강미화, 2001), 근본적 패러다임의 변화를 촉구하는 운동도 발생했다. 1977년에 장일순은 기존의 운동 방식으로는 한계가 있음을 깨닫고 사회변혁 운동을 공생의 논리에 입각한 생명운동으로 전환한다. 핵, 공해, 자연 파괴에 대해서는 자본주의와 공산주의가 모두 무관심하다는 것으로(최성현, 2004), 조화와 공생을 통한 협동을 강조하게 된다. 장일순이 뿌린 씨는 한살림 운동으로 이어진다. 1983년 10월 29일 박재일이 창립한 '한살림'은 이러한 생명사상에 기반을 두고 자연과 밥상을 되살리자는 목적으로 설립된 농산물 도농직거래 조직이다. 한살림은 농민 생산자와 소비자의 관계를 서로 분리된 것이 아니라 상호 모심과 살림, 호혜와 협동의 관계로 본다(정규호, 2013).

장일순 ·생태 개념어 쪽지·

장일순(1928-1994)은 유학, 노장 사상에 조예가 깊었고 특히 최시형의 사상과 세계관에 많은 영향을 받아 '걷는 동학'으로 불렸다. 그의 영향으로 1982년 "생명의 세계관 확립과 협동적 생존의 확장"이라고 하는 '생명운동' 개념이 기록된 최초의 문건인 '원주보고서'가 발표된다. 이 보고서는 생명의 위기와 산업문명의 위기, 생명의 질서로서 협동적 삶의 복원을 주장함으로써 생명운동 사상을 제시했다(김소남, 2017).

청소년기후행동의 시위.

    1980년대의 대표적 환경운동에는, 1983년 목포 시민들의 영산강 보존운동, 1985년 동두천 상수원 오염 반대 운동, 1987년 구로공단 주변 주민운동, 1987-1988년 상봉동 연탄공장 부근 주민운동, 1988년 신정동·오쇠동 항공기 소음 피해자의 운동 등이 있다(정상호, 2017). 해양오염으로 인한 피해로 시민운동이 발생하기도 했다. 우리나라는 3면이 바다로 둘러싸여 육지의 3배에 달하는 대륙붕과 1만 2,700킬로미터의 이용 가능한 해안선을 갖고 있어, 어패류 등 수산자원과 광물, 에너지 등의 귀중한 해양자원을 갖고 있다. 이러한 수자원을 해치는 낙동강 하구언 건설이 강행되어 낙동강보존회와 여러 전문기관이 반대했으나 공사가 1987년 11월 완료된다. 1988년 광양만 수질 오염으로 주민들이 집단시위에 나섰고 13개 기업을 상대로 양식 피해의 손해배상을 청구한 결과, 재판부는 기업이 폐수의 무해함을 입증하지 못했으므로 배상 책임을 져야 한다고 판결했다(환경과공해연구회, 1991).

1987년 한국공해문제연구소, 공해반대시민운동협의회, 반공해운동협의회 등은 "행정당국이 전국적으로 심화되고 있는 환경오염의 실정을 제대로 파악하지 않거나 알고도 숨기고 있다"며 피해 지역 주민들의 조직화를 통한 실력 행사와 공해 실태의 사회문제화 등으로 정부를 압박했다(《동아일보》, 1987.6.5; 주성수, 2017). 1987년 이후 국가 주도형 개발주의에 대한 근본적인 비판이 제기되기 시작하면서 시민들의 참여도 확대되어 환경운동의 대중화가 이루어진다. 환경 문제를 단지 기술적으로 해결하려는 환경관리주의에서 현대 산업문명 자체를 전환해야 한다고 하는 근본생태주의까지 다양한 입장이 등장한다(강미화, 2001).

1990년 수도권의 팔당호 골재 채취, 낙동강 페놀 사건 등으로 식수오염 사태가 번지면서 환경운동 단체들의 활동은 더욱 본격화되었고 1991년 마침내 '환경범죄의 처벌에 관한 특별조치법'이 제정된다(주성수, 2017). 1990년대에 들어오면 '공해 추방'에서 더 나아가 '환경'과 '녹색'을 전면에 내세운 단체들이 설립된다. 1991년 녹색연합이, 1993년 환경운동연합이 결성된다.

2000년대에는 동강댐 건설 백지화 운동, 수도권 난개발 저지 운동, 의제21 운동, 내셔널트러스트 국민신탁운동, 새만금 살리기 운동, 부안 핵폐기장 건설 반대 운동, 북한산 사패산 터널 공사 반대 운동, 천성산 터널 공사 반대 운동, 4대강 개발사업 반대 운동이 전개되었다(주성수, 2017). 이 중 새만금 개발에 반대하는 청소년들의 소송과, 천성산 터널 공사에 반대하는 도롱뇽 소송은, 미래 세대와 비인간 생물종이 생태운동의 새로운 주체로 등장했음을 알린 것이다(박순열, 2010a). 현재에도 청년과 청소년들은 기후위기에 적극 대응하는 청년기후긴급행동, 청소년기후행동 등을 통해 맹활약 중이다. 이는 생태위기를 극복하고자 실천에 나서는 생태시민의 확산을 보여주는 것이다.

LIVING
AS
ECO-CITIZENS

2장
—
시민의 역사와 생태시민의 대두

시민혁명의 주역, 노동자

시민권 또는 시민성으로 번역되는 시티즌십(citizenship)은 대체로 한 국가 내에서의 권리 및 법적 자격을 의미하거나 또는 바람직한 덕성을 갖고 사회에 참여하는 것을 의미한다. 킴리카와 노먼(Kymlicka & Norman)에 따르면, 시민성에 대한 일반적 논의는 서로 다른 두 개념을 내포하고 있다. 하나는 '법적 지위로서의 시민성'으로 이것은 특정 정치 공동체에 속하는 완전한 성원권에 해당하며, 다른 하나는 '바람직한 덕성과 활동으로서의 시민성'으로 이것은 시민성을 공동체에 참여하는 기능과 같은 것으로 본다. 이는 자유주의적 개인주의 관점에서 '지위'로서의 시민성과 시민적 공화주의 관점에서 '실천'으로서의 시민성을 구별하는 것과 맥을 같이 한다(김찬국, 2013).

일반적으로 근대적 시민권을 탄생시킨 시민혁명의 주체는 근대의 새로운 계층인 부르주아지로 여겨진다. 그런데 '지식은 권력'이라는 푸코의 말을 상기한다면, 이 같은 믿음이 일반화된 이유는 바로 부르주아지가 권력을 잡았기 때문이라고 할 수 있다. 실비아 페데리치(Silvia Federici)에 의하면 부르주아지들은 혁명의 주역이 아니었다(페데리치, 2011). 그들은 농민과 노동자를 억압·착취했고 이들이 저항하자 노예를 다시 불러들여 노동 축적을 꾀했다. 또한 그들은 이러한 자신들의 반혁명과 중세 프롤레타리아의 진짜 혁명을 은폐하고, 부르주아지란 계급적 용어 대신, 모호한 '시민'이라는 용어로 자신을 포장했다.

시민은 일단 말 그대로 보면 '도시에 사는 사람들'이다. 그런데 도시의 다수 인구는 '노동하는 이들'이다. 17세기 초반 경상도 산음현 인구를 보면 양반이 23퍼센트, 평민이 60퍼센트, 천민이 18퍼센트 정도인 반면, 같은 시기 서울에서는 양반 16퍼센트, 평민 30퍼센트, 노비 53퍼센트 정도였다(한미라·전경숙, 2004). 인구 분포로만 보면 서울은 양반이 사는 곳이라기보다 노비가 사는 곳이었다. 그러나 권력의 크기로 보면 서울의 양반이 지방 양반보다 훨씬 더 큰 권력을 가졌고, 그들이 거느린

노비의 수가 그것을 증명한다. 그러므로 수는 적지만 큰 권력을 가진 귀족과, 그들을 모시는 다수의 일꾼들이 사는 곳이 바로 도시다.

따라서 도시인의 대다수는 노동자라고 할 수 있는데 그들이 아닌 부르주아지가 시민으로 여겨지는 이유는 우선, 부르주아지는 보이는 존재인 반면 노동자들은 보이지 않는 존재이기 때문이다. 노동자들은 일단 작업장 안에 있어 보이지 않으며 일터 밖이라 하더라도 인격체가 아닌 소품처럼 배경에 포함되어 버린다. 공장에서 기계를 돌리고, 빌딩 안에서 계단을 청소하고, 오토바이로 물건을 나르고, 가게에서 물건을 팔고, 주방에서 요리하고, 가정에서 아이를 돌보는 이들은 잘 보이지 않는다. 보이지 않는다는 말은 말 그대로 '무시(無視)당한다'는 뜻이다. 사람들이 이들을 얼마나 철저히 무시하고자 했는가 하면, 행여 실수로라도 보게 될까 봐, 보지 않기 위해 보이게 했다. 백정의 패랭이 모자, 여자 종의 다리가 드러나는 치마, 남자 종의 푸른 두건 등이 그것이다. 동학군의 요구사항 중 하나는 백정의 패랭이 착용 폐지였다. 노동자들은 무시와 차별을 피하려 세상 눈에 노출될 때는 부르주아지처럼 차려입고자 했다. 생산직 노동자들은 사무직 노동자들과 구별되는 것이 싫었다. 롯데제과는 사무직과 생산직에게 같은 유니폼을 제공했고 해태제과는 사무직과 생산직에게 다른 유니폼을 제공했는데 롯데제과 생산직 노동자들은 외출시 유니폼을 즐겨 입었지만 해태제과 생산직 노동자들은 회사 밖에서는 절대 유니폼을 입지 않았다고 한다(이영재, 2016).

가타리에 의하면, "볼 수 없는 것은 현실의 일부를 이루고 도시 차원을 이루며, 보다 스피노자풍의 말로 해석하면 자연의 차원에 속"한다(신승철, 2011). 그에 의하면 생태학이란 공기처럼 보이지 않는 것을 지키는 것에 마음을 쓰는 것인데, 노동자의 노동은 최종 소비자에게 보이지 않는다는 점, 또한 사람들 생명에 직결되는 것들을 제공한다는 점에서 자연을 닮았고 따라서 이러한 노동자의 존재에 마음을 쓰는 것 역시 생태적 심성이라 하겠다.

시민혁명의 발발은 바로 이러한 노동자들에 의해 가능한 것이었다. 바스티유 감옥을 습격한 주도 세력은 상퀼로트 즉 '긴 바지 입은 노동자'들이었다. 페데리치에 의하면 모두의 평등과 자유를 위한 시민혁명은, 부르주아지의 반격이 없었더라면, 중세 도시의 노동자들이 성공시켰을 것이다. 1377년 플랑드르에서 직물공들은 고용주들에 맞서 무기를 들었다. 14세기 내내 특히 플랑드르 지방에서는 직물노동자들이 지속적으로 주교, 귀족, 상인, 대형 동업조합에 저항했다. 1335년 겐트에서는 직조공들이 모든 권력을 폐지하여 '노동자들의 민주주의'를 수립하고자 했다. 이 시도는 실패했지만 1378년 직조공들은 다시 봉기하여 최초의 '프롤레타리아트 독재'라고 불릴 만한 정권을 수립한다. 그러나 1382년 로즈베트 평원의 전투에서 패배했고 2만 6,000명이 목숨을 잃는다. 이들뿐 아니라 독일과 이탈리아에서도 장인과 노동자들은 기회만 있으면 봉기했고 지역의 부르주아지들은 공포 속에 살아야 했다. 1379년 피렌체에서는 노동자들이 권력을 장악했다. 1384년 리에주 지역의 노동자들은 한 세기가 넘게 저항하여 동업조합이 도시를 완전히 지배하고 시정부의 결정권자가 되었다(페데리치, 2011).

이러한 민중들의 저항에는 종교적 이단이 큰 역할을 했다. 일반적으로 근대 전 단계에 종교적 이단이 조직한 민중운동이 사회변혁사에서 중요한 역할을 했으며 한국의 동학혁명도 같은 경우라고 할 수 있다(조경달, 2008). 유럽에서 이단은 사회의 위계적 질서와 경제적 착취를 비판했다. 이단 종파들은 모든 형태의 권위를 거부했고 사도적 빈곤과 단순한 공동체 생활을 이상시 했다. 보헤미아의 다볼파는 공산주의를 실험했는데 이들에게는 평등과 공동체적 소유를 확립하는 것이 종교개혁만큼이나 중요했다. 또한 이단 운동의 가장 눈에 띄는 특징 중 하나는 성평등이었다. 기성 교회에서 여성은 차별받았지만 이단은 여성을 동등하게 대했다. 카타르파와 발도파에서 여성은 성례를 집전하고 설교를 행하며 세례를 주고 사제서품을 받았다. 발도파가 정통 기독교에서 갈라져 나온 이유가 가톨릭이 여성에게 설교를 금지했기 때문이라는 설도 있다. 또한 카타르파는 살상을 거부했고 채식주의자였으며 결혼과 출산을 거부했다. 이러한 이단을 믿는 이들은 농민과 더불어 수선공, 직조공 등 도시민들이었다. 랑드르 직물공들은 고용주에게 저항했다는 이유뿐 아니라 이단으로 몰려 화형당했다(페데리치, 2011).

이단은 신성한 도시를 만들려고 했다. 1533년 재세례파는 독일 뮌스터에 신시(神市)를 건설하려 했으나 피비린내 나는 탄압으로 분쇄되었고 무자비한 보복이 뒤따랐다. 이것은 전 유럽의 민중투쟁이 일어나는 데 영향을 끼쳤다. 이단은 불평등, 사적 소유, 부의 축적을 비난하여 민중의 지지를 받았고 국제적 차원의 대안적 공동체를 제공했다. 페데리치는 이단운동이 최초의 "노동자 인터내셔널"이라고 해도 과언이 아니라고 강조한다. 박해를 피해 지속적으로 국경을 넘어갔던 피난민들과 성지순례 등으로 종파들이 구축한 연락망과 영향력의 범위가 컸기 때문이다(페데리치, 2011).

페데리치에 의하면 유럽에서 혁명이 실패한 것은 귀족, 교회, 부르주아지 등 모든 세력들이 프롤레타리아트의 저항에 대해 공포로 합심하여 공동보조를 취했기 때문이다. 즉 귀족에 맞서 평등과 민주주의의 기치를 높이 든 부르주아지의 전통적 상은 왜곡된 것이라는 것이다. 중세 말기 부르주아지는 하층계급을 억압하기 위해 귀족과 연합했고 농민·노동자들이 귀족보다 더 위험한 존재라고 여겼다. 그리하여 그들은 시민적 자율성을 희생해서라도 하층민들의 저항을 막아야 한다고 봤고 그 결과 절대국가로 가는 군주의 지배에 자발적으로 복종했다는 것이다. 즉 귀족의 권력을 다시 수립한 것은 바로 부르주아지였다는 것이다. 따라서 페데리치에 의하면, 자본주의로의 "이행" 개념은 허구이며 실상은 정복, 노예화, 약탈, 살인 즉 폭력이 자본주의로 가는 과정이란 것이다. 프롤레타리아트의 형성은, 농민의 생계수단을 빼앗고 아메리카와 아프리카 토착민을 노예화한 결과이다. 즉 시초축적은 전례 없는 방대한 노동축적이었으며 시초축적의 폭력성은, 토지에서 농민 축출, 전쟁과 약탈, 여성의 파괴에서 드러난다(페데리치, 2011).

시민의 상업적 기원

도시의 또 다른 다수자는 상인이다. 이들이 다른 곳에서 재물을 들여와야 도시인들이 살아갈 수 있기 때문이다. 이 재물을 보호하기 위해 도시 둘레에 성곽을 쌓아야 할 것이므로 '시민'이란 용어는 '성 안에 사는 사람들'을 지칭하게 된다. 이로 인해 '시민'의 의미는, 상업을 통해 자기 재산을 갖고 성 안에 사는 사람들이라고 하는, 별로 민중적이지 않은 기원을 갖게 된다. 그리고 이러한 의미가 이후 시민과 시민운동의 특성에 일부 반영된다. 그것은 유연성, 합리성, 전문성, 타협성과 관련이 있다. 이로 인해 시민이란 용어는 '민중'에 비해 구심적 힘을 갖지 못하게 되는 대신 원심력을 갖게 되었으며 이러한 특성은 시민 범주의 확장을 가능케 했다. 그리하여 마침내 자연도 시민에 포함시키는 생태시민이 탄생했다.

동양에서도 마찬가지로 초기의 도시는 성시(城市)로서 성곽 안의 공간을 뜻했다. 성곽 안에 있는 성은 왕과 왕족이 사는 곳이고 성과 성곽 사이에 귀족, 관리, 부자, 상인이 살았다. 부르주아지도 '성 안에 거주하는 부유한 자'들을 의미하는 용어로서, 상인, 자본가 등을 일컫는다. 도시에 사는 사람들이면 재화든 노동이든 '사고파는 사람들'이지 생산하는 사람들은 아닐 것이다. 생산자들은 넓은 토지가 필요하므로 도시 밖에 위치할 수밖에 없기 때문이다.

움베르트 에코의 『장미의 이름』에서 '도시가 무엇인가'라는 질문에 '상인들이 우글거리는 시장'이라고 답해진다. 즉 도시는 '시장'이란 것이다. 글자 시(市)는 도시와 시장을 동시에 뜻한다. 동양에서도 시민은 주로 상인을 의미했다. 시(市)는 장(場)과 함께 상업과 유통 활동이 이루어지는 공간을 뜻한다. '시에 존재하면서 주로 상업 활동을 영위하는 특정 직업 집단'을 시민으로 지칭하는 용례는 한국에서도 해방 이후 정부 수립 때까지 지속되었다(정상호, 2013).

시장에서 재물이 거래되기에 이 재물을 안전하게 지키고 재물의 거래를 관리할 권력이 필요해진다. 즉 치안과 중재가 요구되며 이것이 국가가 필요해지는 이유다. 초기에 'city'란 개념은 국가도 의미했으며 따라서 원시적 국가라고 할 수 있다. 이를 볼 때 시장이란 틀을 형성하고 유지하는 것이 국가이고 국가의 내용이 시장인 것이다. 칼 폴라니(Karl Polanyi)는 시장은 그냥 탄생하는 것이 아니라 국가와 동반할 때라야 등장할 수 있다고 했다. 유럽이 단일국가로 등장하게 된 것은 유럽이라는 단일 시장이 등장했기 때문이다. 유럽이라는 단일 시장을 어떻게 운영할 것인가 하는 필요에서 유럽 통합이 논의되고 이후 유럽연합이 탄생했다고 할 수 있다.

우리 역사에서도 조선시대를 보면 시민은 서울의 시장 상인 집단을 가리켰다(도회근, 2013). 이들은 권력의 지배를 받았지만 다른 한편 권력과 밀접한 관계를 맺기도 했다. 이들은 정부에 대한 물자 조달과 판매권을 독점하던 봉건적 상인 계층으로, "동학 농민군을 진압하는 데 시민들이 거액을 쾌척했다"는 기록을 볼 때 조정이나 정부에 대단히 종속적이었다(정상호, 2014).

그러나 상인들의 조직력은 권력에 저항할 때에도 응용될 수 있었다. 동학의 창시자 최제우도 양반 출신이지만 상인이었다. 동학에서 접(接)이 단위 조직이 된 것도 부상(등짐장수)의 조직을 모방한 것으로 추측할 수 있다. 부상은 보상(봇짐장수)보다 오래전에 존재한 상인들로 조선 초기부터 조직이 잘 짜여 있었다. 이성계의 건국에 협조하여 관과 밀착된 오랜 역사를 가졌으며 국난이 있을 때마다 도움을 주어 외세 극복에도 힘이 되었다. 반면 난을 평정할 때도 관에 협조했다. 권력이 이들을 이용하기 위해 전국적 조직을 마련해 주고 신분도 보장해 주었기 때문이다. 부상 조직은 지역 단위로 접장을 두었다. 규율과 상부상조하는 공제 제도도 마련되었고 접장은 투표로 선출되었다. 의견 수렴은 정기총회로 했으며 1800년도에 전국적 조직으로 확대·통합되면서 8도에 도접장제가 마련되었다(표영삼, 2004). 이들은 전국 조직을 세울 때 민주적 절차를 거쳤다.

조직력과 더불어 이들의 정보력도 큰 무기가 되었다. 상인들은 전국을 돌아다니는 직업적 특성상 정보에 누구보다도 밝았다. 따라서 이들은 대체로 현상 유지를 원하고 보수적이지만 다른 한편 사회 곳곳의 문제를 직접 목격하고 알림으로써 시대의 변화를 예감하고 촉진하는 역할을 할 수도 있다. 실제로 최제우가 그러했으며 임꺽정, 장길산 등 체제 전복을 꾀한 인물도 상인 집단과 관계가 깊었다. 이 시기의 상인은 오늘날의 유통업, 정보통신업과 유사성을 가진다고 생각된다. 이들은 정보에 밝고 전국적 네트워크를 가졌으므로 '과거의 네티즌'들이다(이나미, 2017). 중세 유럽의 체제저항운동이 된 이단 운동도 상인들이 동방종교를 들여온 것이 한 원인이 되었다. 또한 이단 신봉자들은 정기적으로 열리는 시장을 이용하고 국경을 넘는 다른 이단 종파들과 연대했다(페데리치, 2011).

그러나 한국에서 '시민'이 자각하고 참여하는 존재로 인정받은 것은 최근이다. 1950년대까지 시민은 그저 '시에 사는 사람'을 의미했고, 시민 대신 주로 인민이나 국민 개념이 사용되었다. 시민은 신사, 숙녀, 모리배들, 눈에 정기 없는 청년 학생들, 비원에 나와 사쿠라를 즐기는 사람들, 자기중심적인 개인 등을 의미했다(박명규, 2009). 4월 혁명 이후에야 '참여하는 시민'의 의미가 등장한다. 1970-1980년대에 변혁의 주체로는 주로 민중 개념이 사용된다. 1989년 시민단체의 활성화와 더불어 시민 개념이 본격적으로 등장한다.

시민이 상인에서 시작하여 국정에 '참여하는 시민'이 되어 가는 과정은 아테네 역사를 보면 잘 나타난다. 고대 도시국가 아테네에서는 상인들이 부와 권력을 획득하면서 시민의 권리를 확보했고 민주정치가 자리잡는다. 본래 척박한 땅에 자리잡은 도시 아테네는 농경지가 부족했다. 대부분 농업을 했던 기원전 8세기까지 아테네인들은 가난했다. 불만이 고조된 상황에서 상인 출신으로 알려진 솔론(Solon)이 나타나 살라미스를 획득하여 농경지를 확보한다. 그는 여러 개혁으로 농노로 전락한 농민들의 빚을 탕감하고 토지를 나눠주었다. 인기를 얻은 솔론은 전권을 위임받고 시민의 자격과 권리를 확대한다. 마침 그 시기는 상공업을 통해 부자가 된 시민들이 나타나기 시작한 때이다. 솔론은 집정관 출마 자격을 혈통에서 재산으로 바꾼다. 경제적 권력이 정치적 권력으로 나아간 것이다.

농경지가 부족한 아테네는 무역과 식민활동에 눈을 돌려 함대를 짓고 바다로 진출한다. 장거리 항해는 큰 위험을 감수해야 하는 것이었고 이에 국가가 관여하지 않을 수 없게 된다. 아테네 정부는 재산권을 공정하고 투명하게 할당하는 수단과 분쟁 해결 방법을 발전시키고 위험한 탐사와 교역 사업을 추진할 동기를 부여한다. 이러한 아테네의 경제 구조는 시민들이 기꺼이 세금을 내고 공공봉사를 해야 할 합의 기구를 낳게

했으며 이로 인해 귀족뿐 아니라 일반 시민도 권리를 갖게 된다. 권력이 일인에게 집중되면 재산권 행사, 금융 체계의 공정한 작동에 의구심이 들 수밖에 없는 것으로 아테네 시민성의 발전은 이렇듯 공정한 재산권, 서로 감시하는 금융 제도와 더불어 이루어지게 된 것이다(전병욱, 2022). 그러나 아테네 시민에 여성, 노예, 어린이, 외국인은 포함되지 않았다. 따라서 전체 인구의 10퍼센트밖에 되지 않은 이들 시민은 특권층이었다고 할 수 있다.

시민으로서의 농민

무역과 상업에 의존하는 아테네와는 반대로 자급자족의 농업국인 스파르타는 더욱 엄격한 계급제도를 유지했고 권리를 갖는 시민은 극소수에 불과했다. 소수의 권력자들은 다수의 농노를 지배해야 했으므로 외부의 적에 우선하여 자국 내 피지배자들을 압도할 수 있어야 했고 그래서 지배자는 모두 군인이 될 수밖에 없었다. 지배계급은 권력을 독점하는 대신 금욕, 절제를 실천하고 나라가 위험에 처하면 누구보다 앞서 자기 목숨을 내놓아야 했다. 농노는 정치적 권리가 없는 대신 병역

의무를 면제받았다. 스파르타를 이상시한 플라톤은 개인의 정신과 품성의 개발을 중시했다. 시민교육은 시민으로서 갖추어야 하는 덕을 배우고 올바른 규칙을 실천할 수 있는 지적·정의적 능력을 갖추도록 하는 교육이었다(정철민, 2019). 아테네는 덕성, 규칙, 절제, 의무를 자랑하는 스파르타적 시민성을 비인간적이고 관습적이고 무의미하다고 비판했다. 그러나 고대 아테네의 시민성이 자유, 참여, 민주주의를 자랑하지만, 여성과 노예가 배제된 남성 자유민들만의 리그였다는 점에서 동일한 비판을 받아야 한다.

생태위기에 직면하여 다시 농업의 중요성과 자급자족, 절제의 미덕이 필요해지는 현대에 생태권위주의가 필요하다는 주장은 스파르타 모델을 연상시킨다. 공직자의 금욕과 솔선수범, 사치의 경계와 자발적 가난 등은 오늘날에도 요구되는 덕성이다. 그러나 스파르타는 소수 지배종족이 다수 피지배종족을 물리력으로 억누르며 지배를 유지한 국가이다. 농민을 비롯하여 생산자 계급은 숨죽이고 지배계급에 복종하고 살아야 했다. 그러나 이것이 자급자족적인 농업 국가의 전형은 아니다. 이와 달리 고대 유럽의 농경사회는 자유롭고 평화로웠으며 특히 여성이 존중받는 사회였다. 이러한 고대 유럽 지역에 호전적이고 가부장적인 기마민족이 점령하여 지배하면서 평화롭고 평등한 사회가 붕괴된다(크리스트, 2020).

중세 시기 농노로 전락한 농민은 더 나은 삶을 찾아 도시로 도망쳤고 이들이 도시인의 다수를 형성한다. 또한 토지귀족과 도시귀족이 점차 통합되면서 농민과 도시노동자들은 단결하게 되었고 노동자들 간의 상호관심과 연대도 강화됐다. 농민이 반란을 일으킬 때면 언제나 장인들, 미숙련 노동자들, 도시 빈민이 함께했다. 1324년 말 농민반란에 이프르와 브뤼헤의 장인들이 참여하면서 공장 조합원들이 농민들로부터 반란의 주도권을 넘겨받았다(페데리치, 2011).

이러한 농민의 역사는, "토착성, 연고성, 장소 귀속성에 따라 대지에 예속된 사람"(신승철, 2022b)으로 여겨지는 농민의 전통적 이미지를 수정시킨다. 생태주의자들은 소농적 삶을 이상시하지만 농촌의 봉건성, 보수성, 가족착취, 성차별, 지나친 간섭 등은 여성을 비롯하여 젊은이들로 하여금 농촌을 떠나게 만들었다. 1960년대 농촌을 벗어나 도시의 노동자가 된 여성들은 공장에서 가혹한 착취와 모욕적 대우를 받아가면서도 다시 농촌으로 돌아갈 생각을 하지 않았다. 그곳의 삶은 '지긋지긋한' 것이었다. 누구도 환영하지 않는 딸 '후남이'로 태어나 '살림 밑천'으로 부엌일, 밭일, 아이 돌보는 일, 청소와 빨래를 온종일 하면서 나이가 차면 시집을 가 그때부터는 생전 모르는 사람들을 위해 또 평생 똑같은 일을 해야 하는 것이었다. 교육은 아들의 특권이었다. 소농적 삶이 우리의 이상이며 대안인 것은 분명하지만 이제는 '어떤 소농적 삶'인지를 이야기해야 한다. 자유, 평등, 평화, 정의 등 '시민적' 가치가 존중되는 소농 공동체, 즉 '소농 시민사회'에 가까운 소농 공동체로 나아가야 하며 이것이 농촌에 젊은이들을 다시 끌어들일 수 있는 한 방법이 될 것이다.

인공지능과 로봇 등의 신기술로 일자리가 많이 사라질 전망에 처한 지금, 최선의 대안은 바로 농업이다. 또한 생태위기, 식량 안보의 위기와 더불어 농민, 특히 소농의 역할과 위상이 매우 커졌다. 이에 신승철은 "농민이라는 주체성의 위치를 새롭게 재규정해야 할 필요성이 있다"고 강조한다. 그에 의하면 농민은 "시민이라는 개념과 마찬가지의 위상을 갖는 자유인의 위상으로 설정해야만 농업의 사회화 과정에서 유리한 배치에 설 수" 있다. 농민은 마을공동체, 도시재생, 푸드플랜, 도시농업 등과 별도가 아니라 이를 통해서 새로운 주체성을 갖춘 자유인이라는 것이다. 시민적인 농업은 '사회적 농업'으로, 땅은 커먼즈 즉 '시민 자산'이 되며 이때 "생태시민성과 공동체성의 교집합 속에서 포용 사회를" 이룰 수 있다는 것이다. "소농의 전일성, 다기능성과 도시민의 기능 분화, 자동성 모두를 갖춘"

것이 사회적 농업이며 이를 통해 도시 같은 농촌, 농촌 같은 도시를 만들자는 것이다(신승철, 2022b). 농촌은 다양한 문화와 편의를 누리고 도시는 신선한 공기와 먹거리를 제공받음으로써, 각 지역의 자급자족, 근거리 이동이 가능하게 되고 그 결과 탄소감축, 생태회복이 더 탄력을 받을 것이다.

권리와 시민성

자유와 참여의 아테네식 시민성, 덕성과 절제의 스파르타식 시민성과 더불어, 권리와 법치의 로마식 시민성이 있다. 권

커먼즈 · 생태 개념어 쪽지 ·

공유재, 공유자원, 공동자산 등으로 불리는 커먼즈(commons)는 개릿 하딘(Garrett Hardin)의 '공유지의 비극'으로 널리 알려졌다. 이 이론에 의하면, 공유지에서 사람들은 자신의 소를 더 많이 몰고 와 먹일수록 이익이 되므로 모두 경쟁적으로 소를 방목하게 되고, 그 결과 방목지가 황폐해진다는 것이다. 그러나 이에 대해 엘리너 오스트롬(Eliner Ostrom)은 공유지의 비극이 벌어지지 않는 커먼즈를 연구하면서, 공유지와 자원이 공동으로 잘 관리되고 있는 많은 사례를 찾아냈다. 그에 의하면 하딘은 사람들의 이기심에만 집중하여, 공동의 가치, 관행, 규범을 통해 지속되는 커먼즈를 도외시했다. 현재 커먼즈는 토지, 물, 공기, 지하자원 뿐 아니라, 문화, 언어, 플랫폼 등의 영역으로 확대되고 있다.

리, 법치도 시민성이 논의될 때 거론되는 중요한 주제다. 현대 사회에서 무엇이든 확실한 보호나 보장을 받기 위해서 권리 담론이 등장할 수밖에 없는데 그 이유는 현대 사회가 좋든 싫든 법의 지배를 받기 때문이다. 법은 권력이 뒤에 숨어 지배하는 효율적 장치이긴 하지만 또한 약자가 보호받기 위한 장치이기도 하다. 고대 그리스, 로마 모두 법은 약자들이 자신의 권리를 보호받기 위해 요청하면서 등장했다.

로마가 제국으로 확대되면서 시민성은 영토의 확장과 이민족의 대량 편입으로 아테네 시민성과는 다른 특성을 보인다. 이민족을 포괄하고 그들을 교육해야 했으므로 시민으로서의 덕 함양과 같은 추상적인 논쟁보다는 정치적·사회적 실체로서 시민성을 강조하게 된다. 시민 계급은 다양해지고 시민의 지위는 법률로 보장받는 형태로 발전한다. 로마의 시민은 정식 시민과 준시민(semi-citizen)으로 이루어진다. 이후 준시민보다 더 제약을 받는 시민계급이 생기는데 이들은 투표권이 없고 사적 영역의 권리, 즉 거래, 교역, 결혼의 권리만을 인정받았다. 이외에 의무만 있는 시민 계층도 있었다. 이처럼 로마시대의 시민은 다양하게 분화되었고 노예들에게도 시민권을 가질 기회를 주는 등 그 범위가 확대된다(정철민, 2019). 즉 권리 범위의 확대와 더불어 법망을 통한 세부적이고 촘촘한 규제가 행해진 것이다.

　시민성으로 번역될 수 있는 시티즌십(citizenship)은 일반적으로 '시민권'으로도 번역된다. 그만큼 '시민됨'은 '권리'의 문제로 인식된다. 로마의 경우에서 보았듯이 시민성은 자격, 신분, 자유, 권리에 대한 것이다. 근대 부르주아지로서의 시민 역시 권리를 주장하는 사람들이다. 서구에서 최초로 자연권을 주장한 홉스에 의하면 모든 인간은 태생적으로 생존의 권리를 가졌다는 것인데, 그것은 중세의 인간관과 단절한 것이라고 평가될 만큼 획기적인 것으로 여겨진다. 이 논리대로라면, 사형수가 사형을 면하기 위해 감옥에서 탈출할 권리, 병사가 자신의 목숨을 지키기 위해 전쟁터에서 도망칠 권리를 가진 것이다. 왜냐하면 모든 인간은 '국가' 이전의 자연상태에서 자신의 생존을 유지할 자연적 권리를 이미 갖고 있기 때문이다. 그렇다면 이 '권리'란 무엇인가. 자연에서 어떻게 인위적인 '권리'를 도출할 수 있는가. 홉스는 권리가 자유에서 유래되는 것으로 보았고 스피노자는 권리를 능력, 힘, 욕망으로 파악했다(이승준, 2022a).

　권리로 번역되는 'rights'는 '올바름', '정의'의 의미를 내포하고 있어 권세와 이익을 뜻하는 한자어 '권리(權利)' 개념과 다소 괴리된다. 한국에 'rights' 개념이 처음 소개될 때는 '세상에 통하는 정의'란 뜻의 '통의(通義)'로 번역되었고 '직분에 충실함'이란 의미를 가졌다(이나미, 2001). 권리란 용어는 힘과 이익의 다툼을 연상케 하여 애초의 통의에서 보이는 규범적 특성이 옅어진다. 그러나 '세상에 통하는 정의'로 rights를 보게 되면, 자연에서 보이는 자유, 힘, 욕망이 바로 자연의 이치, 질서, 규범이라는 주장은 논리적 비약으로 느껴지지 않는다. 그 외에 어떤 것에서 자연의 규범을 찾을 수 있겠는가.

홉스와 스피노자가 자연의 자유, 욕망, 힘을 자연의 권리(이치)로 인식한 것은, 그것이 인간 사회에서 보이는 억누르는 권력이 아니라 '자기생산'의 힘이기 때문이다. 그러나 홉스의 문제는, 자연상태에서 개인들이 생존을 위해 가상의 적인 타인을 공격할 것이므로 전쟁상태가 될 것이라고 본 점이다. 홉스는 인간을 다른 존재와 연결된 존재가 아닌 각각 고립된 원자적인 존재로 본 것이다. 그리하여 그는 각 개인이 자신의 모든 권리를 하나의 절대자에게 양도하고 그에게 절대복종함으로써 자신의 생명을 지켜야 한다고 보았다. 절대국가의 철학을 제시한 것이다. 부르주아지들이 혁명을 저지하고자 절대자에게 의탁했다는 페데리치의 해석이 맞아떨어지는 지점이다. 부르주아지의 세계관에 의하면, 모든 인간은 고립적인 원자적 존재로서 타인은 경쟁자이자 가상의 적이다. 혁명은 곧 전쟁인 것으로, 혁명과 같은 혼란을 막기 위해 독재는 불가피하다고 본다. 한국의 시장주의자들이 이승만, 박정희 등 독재자를 찬양하는 것도 마찬가지의 이유에서이다.

홉스에 의하면 절대권력은 머리이고 각 개인은 머리에 복종하는 신체인데, 이는 생물의 원리를 잘못 이해한 것이다. 생물의 본질은 '시민적'이다. 각 세포는 각자 지능적이고 신경계가 세포에게 일방적으로 명령을 내리지 않는다. 두뇌는 지배자라기보다 방송국에 가깝다. 두뇌는 인식 내용을 방송하고 '세포시민'은 감정과 증상으로 이에 반응한다. 온건한 반응은 감정으로, 과격한 반응은 증상으로 나타난다. 뇌는 이러한 여론을 반영하여 다시 방송한다. 뇌가 세포와 소통하지 않으면 몸은 병들고 결국 사망에 이르게 된다. 세포들은 삶을 공동 창조하는 참여자다. 생물은 또한 자본주의가 아니다. 어느 한 부분을 위한 축적이나 착취는 없다. 화폐처럼 쓰이는 에너지는 필요한 곳에 전달되고 잉여 에너지는 은행과 같은 지방세포에 보관되는데 이 은행은 모두를 위해 화폐를 저장하는 창고다(립튼·베어맨, 2012).

따라서 서로 다투거나 일방의 권력 독점으로 귀결되는 홉스적 의미에서의 권리는 자연의 특성과 거리가 멀다. 생물을 포함하여 자연의 모든 개체는 연결되어 있고 서로 돕는다. 권리보다는 통의에 가까운 'rights' 개념, 즉 '통하는 정의'는, 공유지의 공평한 사용을 위해 규칙을 마련해야 하는 것처럼, 개체의 이익 확보가 아닌 '관계의 규범'으로 이해해야 한다. 해변에서 5킬로그램의 조개를 채취할 수 있는 '권리'는 동시에 5킬로그램밖에 채취할 수 없다는 '제약'이기도 하다.

권리 개념의 또 다른 장점은 권리의 규범성이 성문화의 요구 즉 법 제정으로 이어지게 하여 특정 권리가 그것의 주장만이 아닌 그것의 실현이 보장될 수 있게 할 수 있다는 점이다. 법 제정을 통한 권리보장은 약자의 경우 최소한의 보호장치가 된다. 따라서 동물의 권리를 주장하는 생명운동이 반드시 개체중심주의라고 비판될 것만은 아니다. 생명권을 지키는 것이 인권을 지키지 않아도 된다는 얘기가 아니듯이 생명권이나 동물권을 지키는 것이 관계가 아닌 개체에 착목하는 것만은 아니기 때문이다(신승철, 2011). 그러므로 권리를 특정 개별자에 속한 고정된 어떤 힘과 이익으로 볼 것이 아니라, 공동체에 기반한 자기생산, 자기결정, 자기해방으로도 볼 수 있다.

또한 권리 개념은 시민 개념과 마찬가지로 확장성을 가진다. 처음에는, 인간의 권리에 백인 남성만 포함되다가 점차 여성, 하층민이 포함되었으며 이제 권리는 동물, 자연도 가진 것으로 주장된다. 한편 앤드루 돕슨(Andrew Dobson)은 "심층생태

권리를 인정받은 뉴질랜드의 황거누이 강.

학자들이 선호하는 '자연의 권리'나 '존재론적 변화'라는 비현실적이면서도 정치적으로 인기가 없는 논쟁은 필요하지 않"다고 보았다(이우진, 2021). 그러나 다른 가치와 마찬가지로 권리는 완성형이 아닌 과정으로서 계속 재구성되고 진화하고 있는 것이다. 인간의 생명이나 재산에 부여된 최초의 권리는 미미하고 시시했으나, 하나의 씨앗이 전체 숲을 바꾸는 천이의 원리처럼, 이후 그 확산 과정을 봤을 때 결코 무시할 수 있는 것이 아니다. T. H. 마셜(T. H. Marshall)에 의하면 영국의 경우 시민의 권리는 공민적 권리에서 정치적 권리로, 그 다음 사회적 권리로 발전되어 왔다(마셜·보토모어, 2014). 즉 18세기 공민적 권리는 개인적 자유, 언론·사상의 자유, 법적 계약의 자유였고, 19세기 정치적 권리는 정치적 자유, 투표권, 의회적 개혁이었으며 20세기 사회적 권리는 사회적 복지, 의무교육, 연금, 의료서비스를 포함한다. 또한 이제 시민적 권리는 국경을 넘어 특정 국가에 국한되지 않는다. 국제연합 세계인권선언 제13조에 시민은 특정한 관할권을 떠날 권리를 갖는다고 선언하고 있다. 그러나 그에 상응하는 권리, 즉 어디든 거주를 정할 권리는 존재하지 않아 여전히 한계를 가진다.

권리는 이제 자연에도 주어지는 시대를 맞이하고 있다. 2017년 3월 뉴질랜드는 세계 최초로 '강'에다 인간과 동등한 법적 권리를 부여했다. 황거누이 강의 오염을 우려한 뉴질랜드 의회와 원주민 마오리족이 합작해서 지구법을 통과시킨 것이다. 최근에는 한국에서도 지구법에 대한 관심이 높아져 『지구를 위한 법학』(강금실, 2020)이 출간되기도 했다(허남진·조성환, 2020).

한국 시민의 역사

한국에서 시민은 일반적으로 해방 후에 나타나는 것으로 인식되지만 '시민적' 존재는 일찍이 허균의 "호민론"에서도 보여진다.

> 천하에 두려워해야 할 바는 오직 백성(民)일 뿐이다.
>
> 홍수나 화재, 호랑이, 표범보다도 훨씬 더 백성을 두려워해야 하는데, 윗자리에 있는 사람이 항상 업신여기며 모질게 부려먹음은 도대체 어떤 이유인가?
>
> 대저 이루어진 것만을 함께 즐거워하느라, 항상 눈앞의 일들에 얽매이고, 그냥 따라서 법이나 지키면서 윗사람에게 부림을 당하는 사람들이란 항민(恒民)이다. 항민이란 두렵지 않다. 모질게 빼앗겨서, 살이 벗겨지고 뼈골이 부서지며, 집안의 수입과 땅의 소출을 다 바쳐서, 한없는 요구에 제공하느라 시름하고 탄식하면서 그들의 윗사람을 탓하는 사람들이란 원민(怨民)이다. 원민도 결코 두렵지 않다. 자취를 푸줏간 속에 숨기고 몰래 딴마음을 품고서, 천지간(天地間)을 흘겨보다가 혹시 시대적인 변고라도 있다면 자기의 소원을 실현하고 싶어하는 사람들이란 호민(豪民)이다. 대저 호민이란 몹시 두려워해야

할 사람이다.

호민은 나라의 허술한 틈을 엿보고 일의 형세가 편승할 만한 가를 노리다가, 팔을 휘두르며 밭두렁 위에서 한 차례 소리 지르면, 저들 원민이란 자들이 소리만 듣고도 모여들어 모의하지 않고도 함께 외쳐대기 마련이다. 저들 항민이란 자들도 역시 살아갈 길을 찾느라 호미·고무래·창자루를 들고 따라와서 무도한 놈들을 쳐 죽이지 않을 수 없는 것이다(허균, 1983).

항민(恒民)은 이루어진 것만을 즐거워하고 눈앞의 일에 얽매이고 법을 지키고 윗사람에게 부림을 당하는 사람들로서 순응적 존재, 원민(怨民)은 다 빼앗기고 고통을 받아 윗사람을 원망하는 존재, 호민(豪民)은 정보를 모으고(윗사람에 대한 정보가 많은 푸줏간에 들어가고), 주의 깊고(몰래 딴마음을 품고) 삐딱하게 세상을 보다가(천지간을 흘겨본다) 기회를 만나면 자신의 생각을 실천하는 주도적인 존재로서 지배자의 입장에서 몹시 위험한 사람이다. 따라서 이들을 두려워하라고 허균은 말하고 있다. '호민'은 본래 쓰이던 개념으로, "세력이 있는 백성"을 의미했으며 홍길동이 전형적인 호민적 인물이었다. 이러한 호민은 속내를 쉽게 드러내지 않는, 매우 두려운 존재로 여겨졌다(김태준, 1998; 강동엽, 2003; 이나미, 2017).

이러한 허균의 민 분류는 지주, 부농, 빈농 등 재산 유무를 중시한 계급이나 신분에 따른 구분이 아니며 따라서 이는 계급과 계급의식이 다른 점을 고려할 수 있다는 강점을 갖는다. 죄르지 루카치(György Lukács)의 개념을 빌리면 원민은 즉자적(卽自的), 호민은 대자적(對自的) 존재라고 할 수 있겠고 항민은 굳이 표현하면 '무자적(無自的)' 존재에 가깝다고 할 수 있다. 이는 민의 '성격(personality)'에 따른 분류로 볼 수도 있다. 서구에서 본격적으로 민의 성격에 관심을 갖기 시작한 것은 나치의 유대인 학살 이후이다. 이들은 대중이 어떻게 집단적으로 악을 행할 수 있는지에 관심을 가지면서 성격으로 민을 설명했다. 예컨대 테오도르 아도르노(Theodor Adorno)는 '권위주의적 성격'이란 개념을 통해 민의 잔혹성을 설명했으며 한나 아렌트(Hannah Arendt)는 '평범성'으로 사람들의 악을 설명했다. 이렇듯 성격으로 민을 바라볼 경우 서구 학계는 주로 민의 부정적 측면에 주목했으며 이 점에서 허균과 다르다. 또한 허균의 민 분류는 민의 성격뿐 아니라 지배층과의 관계, 변혁의 전망과도 연관되어 있다. 따라서 서구 이론에서 성격으로 민을 본 경우 현상적인 측면에 치중했다는 비판을 받을 수 있으나 허균의 민 개념은 신분과 계급으로만 구분할 수 없는 민의 다양하고도 변화무쌍한 측면을 포착할 수 있을 뿐 아니라 지배층과의 관계, 변혁 주체로서의 민을 볼 수 있다는 강점을 가진다(이나미, 2017).

또한, 반드시 그대로 일치하는 것은 아니나, 허균이 말하는 항민은 순응적 의미가 강한 '국민', 원민은 착취받는 '민중', 호민은 주도적인 '시민'에 가깝다. 조효제에 의하면 '국민'은 단지 붙여진 이름이고 '민중'은 억압받는 존재인데 '시민'은 사회를 새로 창출하는 존재다(조효제, 2000). 정상호는 '인민'과 '민중'을 순응적 존재로, '시민'을 주도적 존재로 본다. 그는 "요순 시대를 상정해 보면 인민이나 민중은 역사적 주체로서 정책 결정에 참여해야 한다는 이미지를 갖고 있지 않다"고 하면서 중국 인민들이 정치적 민주화 없이도 부국강병에 만족할 수 있음을 현대의 예로 들었다. 그러나 시민은 독재자가 아무리 훌륭하고 좋은 선정을 펴더라도 만족할 수 없고, "공적 결정에 적극 참여하고 토론하는 게 시민의 본질이기 때문에 여기에서 탈각된 체제와 시민은 맞지 않다"고 주장한다(정상호, 2014). 그런데 호민은 바로 이런 '시민적' 성격을 지니고 있다. 호민의 저항 방식은 시대와 조건을 잘 헤아려 슬기롭게 체제 변혁에 성공하는 것이다. 즉 이들이 반드시 체제 전복만을 꾀하는 것은 아니다. 현대의 시민이 그러하듯 이들은 체제에 협조할 수도 있다. 강원용은 호민이 "쓴소리를 해주는" 존재로 지배층은 이들의 지혜를 얻어야 한다고 조언한다. 항민과 원민은 어느 사회에나 있지만 진정한 민심은 아니며 "진짜 민심은 건전한 비판의식을 갖고 잘잘못을 가릴 줄 아는 '호민'"이라는 것이다. 그리고 "정치는 호민의 지혜를 얻어야 하며, 호민이 지지하면 모든 것이 순조롭게 잘돼 갈 것"이라고 했다(《동아일보》, 2005.10.20). 시민을 강조하는 논자들은, 오늘날 호민으로 불릴 수 있는 '시민'은 무엇보다 다양성을 보는 존재로서 합리적 토론을 중시하고 타협할 줄 아는 것이 그 힘이라고 주장한다(이나미, 2017).

송호근은 시민의 시초를 동학에서 찾는데 그 이유는 동학이 최초의 종교개혁이며 인민을 주체로 내세웠기 때문이다. 성리학의 '천(天)' 개념은 거대 신념이며 종교로서 양반의 전유물이었는데 "양반의 '하늘'을 인민의 것으로 인격화한 게 '한울님'이고, 동학에서 강조하는 수심정기(守心正氣)는 자신을 스스로 한울님과 일치시키는 과정"이라는 것이다. 그에 의하면 자신이 하늘이 될 수 있다는 말은 천지개벽 같은 것이었다. 주체의식을 지닌 동학도는 부분적이나마 한국 최초로 존재론적 자각을 품었던 근대인의 원형이라고 그는 주장한다. 또한 동학은 정치공론장을 제공했고, 『동경대전』, 『용담유사』 같은 교리문과 가사문학을 유행시켰다는 점에서 문예공론장의 성격도 포괄했다(송호근, 2013).

이러한 시민적 존재의 등장은 조선 중기 이후 신분제 질서의 동요와 함께 민 사회가 변화했기 때문에 가능한 것이었다. 조선왕조는 이러한 변화를 의식하여 공론에 참여할 수 있는 범위를 확대함으로써 여론을 수렴하지 않을 수가 없게 되었다. 영·정조의 민과 가까워지려는 노력은 그러한 민압에 의해서였다고 할 수 있다. 이 시기에, 그동안 양반들만의 모임이었던 시 모임과 강학 모임을 중인과 평민들도 갖기 시작한다. 프랑스 신부 샤를 달레에 의하면 평민들도 거리, 길가, 주막에 모여 공적 문제에 대해 토론했다. 사대부 중심의 문학이 점차 평민문학, 여류문학으로 확대되어 간 것은 그만큼 백성들 간의 소통이 활발했음을 의미한다. 『홍길동전』은 백성들이 이미 국왕보다 더 우위에 있을 수 있는 존재를 생각했다는 것을 표현한 것이다. 손석춘은 이와 관련하여 하버마스의 공론장 개념이 유럽의 18세기의 카페, 선술집에서 시작해 문예공론장으로 전개되었다는 사실을 지적한다(손석춘, 2004).

특히 향회(鄕會)는 백성들이 모여 토론한 대표적 공간이다. 안확은 지방의 향회에서 수렴된 목소리가 당론의 형태로 표출되어 논쟁을 벌이게 되면서 붕당정치가 발생했다고 보았다(이현출, 2002). 안병욱에 의하면 민란의 중심에도 향회가 있었다. 백성들이 부당한 수취를 당하고 수령에게 항의할 때 그것이 수용되지 않으면 소요를 일으키기 마련인데 그 과정에서 공론의 마당으로 등장한 것이 향회이다. 향회는 본래 향촌의 교화 및 수령의 보좌를 목적으로 형성되었으며 지배체제를 안정적으로 유지하기 위해 열리는 것이 대부분이었으나 점차 지방관이 잡세 부과를 위해 여론을 수렴하고 동의를 구하는 모임으로 변화된다. 그 결과, 과세라고 하는 현실적 문제로 관과 민이 협의하는 공간이 형성되면서, 사족이 아닌 민도 잡세 부과의 대상자로서 향회에 활발히 출입하게 된다(이헌창, 2010). 그러는 가운데 조세제도가 자주 바뀌면서 향촌의 여론을 의식한 향회가 변하기 시작했다. 정규적인 조세 외에 각종 명목의 수취가 행해졌는데 형식적으로라도 납세자의 동의를 얻어야 했으므로 수령은 향회를 활용하여 의견을 구했다. 이렇듯 정치적 공론장의 역할을 한 향회는 삼남 지역에서 민회로 불리기도 했는데 주로 민이 주도할 경우 그렇게 불렸다. 이 민회의 활동이 민란으로 전환되기도 했다(손석춘, 2004).

백성들은 통문, 유언비어 등을 통해서도 소통했다. 또한 지배층의 비리와 학정을 공공연히 비난한 괘서, 지배층의 멸망을 예언함으로써 투쟁을 고취하는 역할을 한 비기, 그 밖에 각종 노래도 여론의 역할을 했다. 일찍이 성종 18년 때에도 대간들은 임금에게 "진문공이 여송(輿誦)을 들은 것"을 들어 여론을 존중할 것을 강조했다. 여송이란 백성들이 조정이나 수령에 대한 불만을 노래로 표현한 것을 의미한다(김영주, 2002).

1862년 한 해에 각 고을을 단위로 서로 뚜렷한 연계도 없는 상황에서 연속적으로 40여 개 지방에서 농민항쟁이 일어났다. 이 시기 저항에는 과거와 달리 조직이나 중심인물이 확고하게 있는 것도 아니었는데 어떻게 그런 상황에서 항쟁이 일시에 전국적 범위로 확대될 수 있었는가에 대해 안병욱은 민의 결집체로 나타난 향회가 그 이유라고 보았다(안병욱, 1987). 즉 향회에 민이 적극 참여하면서 이 향회가 민회가 되고 이것이 저항의 조직으로 활용되면서 결국 민란이 야기되었다는 것이다. 이 민회는 개항 이후에도 자치와 저항의 조직으로 기능했으며, 유럽의 의회와 같은 조직으로 인식되기도 했다. 이러한 민회가 이후 저항적 시민단체로 발전해 갔다고 볼 수 있다. 19세기 후반 투쟁 집단뿐 아니라 여러 다양한 성격의 단체도 생겨난다. 1891년 인천구락부, 1894년 독립구락부가 생겨나고 1896년에는 독립협회를 비롯하여 6개의 단체가 결성된다. 이어 1898년에 9개, 1904년 11개, 1905년 19개, 1906년 33개, 1907년 79개, 1908년 81개로 그 수가 급증한다(송호근, 2013; 이영재, 2015).

한국의 시민운동은 이렇듯 그 근원을 거슬러 가면 구한말 독립협회, 만민공동회부터 시작하여 YMCA, YWCA, 흥사단 등의 활동이 있지만 현대적 의미의 시민운동이 본격적으로 또한 급격히 활발해진 것은 1987년 이후부터라는 것이 일반적인 견해이다(손봉호, 2000). 1987년 절차적 민주화가 이루어지고 사회주의권이 붕괴되면서 1980년대식 운동이 쇠퇴하고 그 빈자리를 성공적으로 메운 것이 '시민운동'이라고 평가되었다(권혁범, 2000).

시민운동은 발생 초기에 민주화운동·민중운동과 다른 점이 자주 언급되었고, 그 특징은 체제 인정, 탈계급, 합법, 대안 제시 등으로 인식되었다. 또한 1989년 경실련, 1993년 환경운동연합, 1994년 참여연대 등 시민사회단체의 설립과 활동이 시민운동의 주된 내용으로 여겨졌다. 경실련은 창립 취지문을 통해, "소외되고 억눌린 민중만"으로 힘을 모으려는 것이 아니라 "선한 뜻을 지닌 가진 자도 이 운동의 중요한 주체"로서 "우리 사회가 이래서는 안 되고 기필코 민주복지사회로 가야겠다고 하는 선한 의지를 가진 사람이면 그가 기업인이든 중산층이든 할 것 없이 이 운동의 중요한 구성원이 될 수 있"다고 강조했다(김병권, 2010).

이 같은 시민운동의 중심 의제들은 민주주의, 인권, 환경, 여성, 경제, 문화, 언론, 소비 등 다양했으며, 활동 방식은 투쟁적 방식보다 의정 감시, 사법 감시, 입법청원 등 제도권의 합법적 영역에서 가능한 방식이 선호되었다(김병권, 2010). 운동이 비폭력적이어서 전문가들이나 일반 시민들이 두려움 없이 참여할 수 있게 되었다. 경실련 초기의 회원 구성을 보면 학계, 의약계, 법조계, 언론계 등 전문직 종사자가 전체의 약 30퍼센트에 이르러 사무직 종사자(24퍼센트)보다도 많았다(김동노, 2013).

이 같은 시민운동이 등장하게 된 사회적·경제적 배경으로는, 1980년대 말 내수 규모가 팽창하고 민간 소비 능력이 급격히 커지며 도시 시민들의 소득 증가율이 높은 수준을 기록하고 경제적 불평등이 상대적으로 완화된 것을 들 수 있다. 이에 시민운동의 주요 주체인 중산층이 팽창했고 도시화도 빠르게 진전되었다. 1980년에 34퍼센트를 차지하던 농림어업 종사자가 1991년에 14퍼센트, 2009년에는 7퍼센트로 감소한다(김병권, 2010). 중산층은 주택문제, 주식시장과 관련된 의제에 관심을 가지므로 부동산 관련 경제 정의, 소액주주운동 등이 시민운동의 주요 활동이 되었다. 따라서 경실련이 처음에 등장한 것은 자연스러운 것이었다고 할 수 있다.

LIVING
AS
ECO-CITIZENS

3장

생태시민성 이론

앞 장에서 보았듯이 시민성은 시대의 흐름에 따라 재구성되면서 그 의미와 중요성이 변화되어 왔다. 근대의 시민성은 국가를 경계로 하는 국민이 갖추어야 하는 특성이었지만 현대에는 더 확대되어 '세계시민성'이 거론된다. 또한 시민성은 계급 개념이 담지 못하는 여성, 이민자, 소수자 등을 다룰 수 있다는 점에서 유용하다고 평가된다. 현재 공동체적인 용어로, '주민'이 거론되지만, 밀착되어 부담스러운 공동체의 '이웃 주민'보다 거리 조절이 가능한 '시민'이 더 선호될 수 있다. 무엇보다 시민성 개념의 강점은 그 역사가 보여준 것처럼 확장성을 가진다는 점이다. 이제 시민성은 인간을 넘어 다른 생물도 포괄하는 생태시민성으로 나아가고 있다.

현재 자본과 노동이 국경을 넘나들고 기후위기와 감염병 등 재난이 전 지구적으로 확산되면서 더 이상 민족, 국가, 공동체 등에 충실한 시민성만으로는 해결할 수 없는 문제들이 발생하고 있다. 즉 근대 시민성은 국민국가를 근간으로 문화적·정치적 동질성을 중시하고 일국의 법률적 범주에서 벗어난 타자들을 배제하므로 지구적 문제를 해결하기 어려운 개념이라고 주장된다. 이로 인해 1990년대 중반부터 생태시민성이 새로운 유형의 시민성으로 떠오르기 시작했다. 생태공동체, 지구시민 등에 대한 인식이 심화하면서 대안적인 시민성 개념이 필요하게 된 것이다(김찬국, 2013). 홈즈 롤스톤(Holmes Rolston)에 의하면, "좋은 '시민'이 되는 것만으로는 충분치 않고, '국제적인' 시민이 되는 것만으로 충분하지 않다." 왜냐하면 "두 용어 모두 충분한 '자연'과 충분한 '지구성'을 지니지 않고 있기 때문"이다. 그에 의하면 "'시민'은 단지 절반의 진실일 뿐이고, 나머지 절반은 우리가 대지의 '거주민(residents)'이라는 것"이다. 우리는 '지구인(earthling)'으로서 "지구는 우리의 거주지"이며, "이 점에서 생태적 역량이 없다면 시민적 역량도 없는 것"이라고 그는 강조한다(Rolston, 2003; 이우진, 2021).

이러한 요청에 부응하여 생태시민성 개념이 스틴베르겐(Steenbergen, 1994), 크리스토프(Christoff, 1996), 스미스(Smith, 1998),

커틴(Curtin, 1999; 2002), 돕슨(Dobson, 2003) 등에 의해 제시되었다. 그 밖에 생태적 책무감(Barry, 1999; 2002), 녹색시민성(Dean, 2001; Smith, 2005), 환경시민성(Luque, 2005; Horton, 2006), 지속가능한 시민성(Barry, 2006) 등의 개념도 소개되었다(김찬국, 2013; 이경무, 2019).

스틴베르겐에 따르면, 생태시민은 살아 있는 유기체로서의 지구의 탄생과 성장의 유기적 과정을 점차 깨닫는 시민이다. 토마쇼(Thomashow, 1995) 역시 '생태적으로 깨어 있는(ecologically aware) 시민'을 강조했다. 그러한 시민은 자신이 살고 있는 장소에 대해 책임감을 갖고 공통의 문제를 해결하기 위한 집합적 결정의 중요성을 이해하며 공공선에 기여하고자 하는 존재로 설명되었다. 이들은 민족국가나 초국적 기업보다 생태 지역(bioregion)과 생태계를 중시하며 자기의 행동이 야기할 수 있는 영향에 대해 생각한다. 따라서 상호부조적 협력공동체를 이룩하고자 하며 자기의 신념에 따라 행동하고자 한다. 스튜어드(Steward, 1991)도 생태시민성은 복지의 권리, 재산권, 물질적인 관심을 넘어 시민성을 확대하는 것이라고 보았다. 인간관계, 소비 패턴, 환경 문제에 책임을 갖고 인간의 성공을 양적으로 뿐만 아니라 질적으로도 평가하도록 변화될 수 있다는 것이다(김소영·남상준, 2012). 스미스는 생태시민성에 대해 시민성의 적용을 인간뿐만 아니라 모든 생물에까지 확대하는 개념으로 간주했다(김병연, 2011). 카디르 카라테킨(Karatekin, 2018)은 생태시민성의 발달 방안을 논하면서, 그 범위를 책무(responsibility), 지속가능(sustainability), 정의(rights and justice), 참여(participation) 등의 네 가지 차원으로 설명한다(이경무, 2019).

국내에서의 연구 경향을 살펴보면 우선, 생태민주화를 위해 시민사회를 강조한 문순홍의 선구적인 연구를 들 수 있다. 문순홍에 의하면, 생태민주화의 설계도를 위한 첫 번째 과제는 "시민사회를 다시 정의하는 것"으로, 이것의 핵심은 "새로운 유형의 개인을 재발견하고 생태공동체를 복원하는 문제"이다(문순홍, 2006; 박순열, 2010b). 이후 2010년부터 생태시민성에 대한 본격적인 연구가 활발해지기 시작했다. 윤혜린(2010)이 토착성과 결합한 생태적 시민성을 강조했으며 박순열(2010a)은 생태적이고 민주적인 시민으로서의 생태시민을 주장했다. 김병연(2011)과 김희경·신지혜(2012)는 생태시민성을 교육과 관련지어 논의했고, 김소영·남상준(2012)은 생태시민성 개념을 덕성과 합의 기제를 중심으로 고찰했으며, 김희경은 2012년에 에코맘의 특성을 생태시민성의 틀로 검토했고 이어서 2014년에는 남상준과 함께 질적 연구를, 2018년에는 경험적 관점에서 생태시민성 연구를 수행했다. 그 밖에 이효진(2014)은 갈등과 성찰의 측면에서, 조미성·윤순진(2016)과 조철기(2022)는 에너지와 관련하여, 이종찬(2017)은 동물보호 측면에서 생태시민성을 연구했다. 이우진(2021)은 생태시민 교육과 세계시민주의 교육을 비교하면서 돕스의 생태시민성 이론이 갖는 한계에 주목했다. 현재까지 한국에서 생태시민성 연구는 주로 교육과 관련되어 진행되었다. 김남준(2021), 김종민·손다정·남미자(2021), 박수경·남영숙(2020), 홍서영(2020) 등도 생태시민성을 교육적 측면에서 연구했다.

스틴베르겐의 이론

바트 판 스틴베르겐(Bart van Steenbergen)은 『시민성의 조건 (The Condition of Citizenship)』(1994)에서 생태시민성 개념을 제시하고 있다. 그는 우선 시민성이 여전히 유효한 개념인지 의문이 들 수 있다고 지적했다. 이제 많은 사람들이 이미 권리와 의무를 갖는 시민의 자격을 갖고 있는데 아직도 이러한 시민 개념이 강조되어야 하는가 질문할 수 있다는 것이다. 이에 대한 답으로 그는 당시 동유럽 공산주의 붕괴로 인한 시민사회 형성의 필요성을 들었다. '동지'가 아닌 시민의 문화 형성이 필요하다는 것이다. 또한 서유럽에서는 이민자 문제로 인해 시민성이 다시 중요한 개념이 되었다고 했다. 이민자가 들어오면서 일등 시민, 이등시민의 문제가 생겼다는 것이다. 이는 그가 글을 쓴 1990년대 중반의 현실을 반영한 것이라 하겠다. 그 밖에도 시민성은 계급 개념이 해명하지 못하는 문제들, 즉 여성, 소수자 문제 등을 다루는 데 있어 문제를 분석하는 것뿐 아니라 문제를 해결하는 것에도 유용하다고 보았다.

그는 생태시민성과 관련해서 마셜의 시민성 이론을 들어 그 필요성을 제시한다. 마셜은 시민성을, 공민적, 정치적, 사회적인 것으로 구분하는데, 이 중 공민적, 정치적 시민성은 시민성의 형식적 지위 보장과 관련된 것이고 사회적 시민성은 이에 더하여 물질적 기초의 제공을 주장한 것이다. 마셜은 사회적 시민성을 시민성의 마지막 단계로 보았는데 스틴베르겐은 새로운 시민성이 필요한 시대가 왔다고 보았고 그것이 생태시민성이라는 것이다.

이같이 시민성이 확장된 것에는 사회운동이 결정적 역할을 했다고 보았고 그것과 관련하여 브라이언 터너(Bryan Turner)의 이론을 소개했다. 그리고 환경주의의 전개 역시 강력한 사회운동이 뒷받침되었다는 점을 강조했다. 그는 환경운동이 촉진한 생태시민성의 세 가지 접근을 소개한다. 첫째는 시민성 영역의 확대이다. 이는 성인 인간만이 시민이라는 사고에 도전하는 것으로, 동물권 운동이 그 사례라고 할 수 있다. 둘째는 자연에 대한 인간의 책임을 강조하는 것이다. 대부분의 녹색당이나 환경운동단체는 시민성이 사회에 대한 책임뿐 아니라 자연에 대한 책임도 진다고 강조한다. 셋째는 글로벌 차원의 생태시민성을 강조하는 것이다. 환경운동은 점차 글로벌 운동이 되어가고 있으며 글로벌 생태시민 개념이 글로벌 시민성이란 개념을 대체해가고 있다는 것이다.

이 중 첫 번째로, '시민성 영역의 확대'라는 접근을 보면, 시민성의 역사는 그 자체로 시민 영역 확대의 역사라는 것이다. 고대 아테네에서 오직 남성 자유인만 시민이었고 여자, 노예, 외국인은 배제되었으나 이후 점차 대상이 확대되어 이제 모든 주민은 시민이 되었다. 스틴베르겐은 시민성 영역의 확대 중 중요한 첫 번째 계기를 브룬트란트(Brundtland) 보고서, 「우리 공동의 미래(Our Common Future)」로 본다. 이 보고서에서, '지속가능성(sustainability)' 개념이 '아직 태어나지 않은 인류의 권리'라는 맥락에서 등장했다는 것이다. 또한 브라이언 터너에 의하면, 시민성은 계급과 자본주의에 대한 것뿐 아니라 여성, 어린이, 노인, 동물의 사회적 권리에 대한 논의를 포함하는데, 특히 동물은 인간이 아닌 존재이기 때문에 이들의 권리는 주목할 만한 주장이라는 것이다. 환경운동은 이제 인류의 이익을 위해 자연을 보호하는 것이란 인식에서 더 나아가 자연 자체의 권리를 방어하는 것이 되었다는 것이다. 시민성 개념에 인간 아닌 존재도 포함하여 모든 살아 있는 존재의 권리를 다룬다는 것이다. 그러나 이에 대해 그 범위는 어디까지여야 하는지 질문이 제기될 수 있다고 덧붙였다. 예를 들면 곤충이나 식물의 권리도 보호되어야 하는지 등의 질문이다. 그리고 이러한 질문들은 제기된 문제 자체를 통째로 무시하고자 하는 경향을 낳을 수 있으므로 경계해야 한다고 그는 지적한다.

둘째로 생태시민성은 인간의 자연에 대한 책임을 강조한다는 것이다. 환경운동이 여성운동, 인종차별 반대 운동, 노동운동 등 다른 해방운동과 다른 점이 바로 이 점이다. 다른 운동에서는 운동 주체가 그들의 권리를 주장할 수 있는 능력이 있으나 자연의 권리는 그 스스로가 아닌 인간에 의해 방어된다. 이는 시민성이 권리와 자격뿐 아니라 의무와 책임과 관련됨을 보여주며 공동체와 관련된 문제임을 일깨워준다고 그는 지적한다. 즉 이제까지 책임성 개념도 인간 영역에만 적용되었는데 생태시민성은 이러한 책임성을 자연계에 확대하는 것을 의미한다는 것이다. 이는 자연보다 사회가 우선한다는 생각에 도전하는 것으로, 인간의 모든 목표의 달성 여부는 생물계의 온전

함에 달려 있다는 자각에서 비롯된 것이다. 그러므로 인간 간의 관계만을 다루는 정치는 그것이 아무리 급진적이라도 부수적 위치를 차지하는 것이라고 그는 주장한다.

셋째, 생태시민성은 지구화를 지향한다는 것이다. 지구화는 시민성과 생태라는 두 영역에서 특히 두드러졌다. 1970년대 중반 이래 환경운동은 '지구적으로 사고하고 지역적으로 행동하라'는 슬로건에 의해 전개되었다. 그러나 전자보다는 후자에 더 방점이 주어졌다고 한다. 지구적 성격은 체르노빌 사건, 오존층 파괴, 열대우림 문제 이후에 부각되었으며 UN 리우데자네이루 회의가 이 자각의 정점이라고 한다.

이러한 세 가지 접근과 관련하여, 스틴베르겐은 시민성과 생태의 관계에서 세 가지 선택을 제시한다. 첫째는 시민의 확장으로, 시민이 인류의 범위를 넘을 수 있는가 하는 문제이다. 동물도 시민으로 보자는 주장이 있으나 이것이 실효성이 있을지는 의문이라고 그는 보았다. 특히 시민성을 자격과 의무의 지위를 가진 것으로 볼 때에 이 문제는 두드러진다는 것이다. 보다 실효성 있는 두 번째 선택은 시민성을 '책임성' 영역에서 확대하는 것이라고 그는 본다. 이는 '참여'를 통해 인간이 자연과 새로운 관계를 맺는 것으로, 지구를 우리의 양육지로 볼 때에만 '참여'는 실행 가능한 선택이 된다는 것이다. 세 번째로,

글로벌 시민의 발전을 들었는데, 생태적 관점이 결여된 상태에서의 글로벌 시민성은 지구와의 관계에서 벗어나 그것과 반대 방향으로 가고 있는 듯하다고 그는 비판했다.

돕슨의 이론

돕슨은 기존의 시민성이 자유주의와 공화주의의 틀 내에서 설명되기 어려운 상황에 접하면서 생태시민성이 등장했다고 본다. 그에 의하면 과거 역사를 볼 때 시민에 대한 인식 변화는 우선, 시민의 공공생활의 규모의 확대와 관련이 있다. 즉 시민의 공공생활이 시민들이 '서로 알고 있는 대면 환경'에서, '대부분의 정치적 관계가 익명으로 이루어지는 더 큰 형태의 사회조직'으로 변화하면서, 시민에 대한 인식이 변화했다는 것이다. 이러한 가운데 시민을 주체로 인식하는 의미 있는 발전이 중세 후반에 이루어지며, 이 변화 과정에서 개인주의적 입장의 자유주의 시민성이 공동체적 입장의 시민공화주의 시민성으로 나아가게 되었다는 것이다(이우진, 2021). 이후 시민성 논의는 주로 '자유주의 대 공화주의'라는 구도 속에서 언급되었는데, 세계화의 영향으로 시민성의 공간적 틀에 대한 재사유가 촉발되었고 또한 페미니즘의 영향력이 커지면서, 시민의 덕목, 시민-국가 관계, 시민-시민 관계, 시민의 책임과 의무에 대해 근본적인 재검토가 요구되었다. 즉 그에 의하면, 세계화와 페미니즘이 자유주의나 공화주의 입장에 포함될 수 없는 새로운 형태의 시민성을 요청했으며 그것이 바로 생태시민성이라는 것이다(김병연, 2022).

자유주의 시민성은 권리와 자유를 중시하는 반면, 시민공화주의 시민성은 의무와 책임을 중시하고 공공선을 주요 가치로 삼는다는 차이점이 있지만, 양쪽 모두 공적 영역에서의 활동과 국가의 경계를 중시한다는 점에서 공통점을 가진다 (Dobson, 2003; 김희경, 2012). 즉 두 시민성 모두 계약적 관계와 영토성에 기반하고 있다. 이어 세계시민주의 시민성도 등장하지만 돕슨은 그것을 넘어서는 시민성이 필요하다고 보았고 그것이 생태시민성이다(이우진, 2021). 즉 돕슨에 의하면, 생태시민성은 후기세계시민주의(post-cosmopolitanism)라는 새로운 틀을 바탕으로 특별히 생태적인 형식을 취한 것이다. 이는 생태시민성이 시민성에 기초하여 시작되었으나, 단순히 범위를 확장한 것을 넘어, '생태적'이라는 새로운 틀에서 세상을 이해해야 함을 강조한 것이다. 즉 생태시민성은 전통적 시민성에 기초하되, 관심의 대상을 전 지구인 및 다른 생물로까지 확대했고, 생태적 틀로 세상을 이해함으로써 환경 문제 해결에 기여하도록 하는 자질 또는 태도라고 볼 수 있다(김희경, 2012).

돕슨에 의하면 생태시민의 의무와 책임은 자신의 행동이 다른 시민들의 기회에 미치는 영향에서 생겨난다. 또한 그는 현재와 미래를 살고 있는 다른 이들의 필요를 저해하지 않으면서 자신의 필요를 충족하는 삶의 방식을 생태시민의 핵심 책무로 제시한다. 이런 점에서 생태시민성은 지속가능한 발전의 정신과 맥이 닿아 있다. 호튼(Haughton, 1999)은 지속가능발전의 형평성 원칙(equity principles)으로, 세대간 형평성, 세대 내 형평성, 지리적 형평성, 절차적 형평성, 생태적 형평성을 제시한다(김찬국, 2013).

돕슨은 생태시민성의 특성으로 네 가지를 제시했다. 첫째는 공간적으로 '생태발자국'을 고려하고 시간적으로 미래 세

생태발자국(Ecological Footprint) · 생태 개념어 쪽지 ·

생태발자국은 1996년 경제학자 마티스 웨커네이걸과 윌리엄 리스가 만든 개념으로, 인간이 지구에서 살아가는 데 필요한 것들을 얻기 위한 자원의 생산과 폐기에 드는 비용을 토지 면적으로 환산한 지수이다. 그래서 헥타르(ha) 등과 같이 토지를 측량하는 단위로 나타낸다. 생태발자국을 통해 한 사람이 지구에 얼마나 많은 흔적을 남기는지를 또 얼마나 자연에 영향을 미치는지를 측정할 수 있다. 지수가 높을수록 그만큼 자연에 해로움을 끼치게 되는 것이므로 생태발자국은 생태파괴 지수라고 할 수 있다(윤여찬 · 최돈형, 2007).

대를 고려하는 '비영토성'이다. 둘째는 권리보다 의무와 책임을 먼저 고려하는 '비계약성'이다. 셋째는 정의, 동정, 배려, 연민 등의 덕성이며, 네 번째는 소비 등 일상의 삶과 기후변화가 긴밀하게 연결되어 있음을 인식하는, 공적 영역과 사적 영역 간의 넘나듦이다(조미성·윤순진, 2016).

첫째, 비영토성과 관련하여 살펴보면, 자유주의 및 시민공화주의 시민성은 국가라는 영토를 기반으로 시민의 권리와 의무를 언급하는 데 비해, 생태시민성은 국가라는 경계를 넘는다는 것이다. 시민의 책임이 적용되는 범위는 국가를 넘어 전 지구로 확대되는데 그 이유 중 하나는 환경 문제가 전 지구적인 문제이기 때문이다. 지구온난화, 방사성 물질의 확산, 황사, 해양 오염 등의 사건은 국가의 경계를 뛰어넘는다. 또한 선진국의 소비를 위해 저개발국의 자원이 채취되고 환경이 파괴되는 등, 한 지역의 산업 활동이 다른 지역의 환경에 영향을 미친다. 이는 특정 지역의 특정인이 다른 지역, 다른 존재의 삶에 변화를 일으킨다는 점에서 생태발자국(ecological footprint)의 개념과 연결된다(김희경, 2012). 따라서 생태시민은 자신들의 행위가 먼 거리에 존재하는 타인들의 삶의 기회에 심각한 영향을 미칠 수 있다는 점을 인식하고 그와 관련된 모든 개인적 행위에 책임을 느끼는 존재다(김병연, 2011).

그런데 세계시민주의 시민성 역시 '하나의 세계'라는 미명 하에 '연속적인 영토'라는 아이디어를 공유하고 있다고 돕슨은 지적한다. 그러나 이 역시 영토성에 기반한다는 것이다. 즉 "세계시민은 원래 구분이 없었던 지구를 영토성에 기반하여 구획하여 사유하고 행동하는 자"이다. 그러나 생태시민성에 근간하는 "지구시민은 영토성을 넘어서 있기 때문에 지역적이면서도 지구적으로 사유하고 행동하는 존재"라는 것이다(이우진, 2021). 그에 의하면 "생태시민성의 '공간'은 국민국가의 경계나 유럽연합과 같은 초국가적 조직의 경계, 심지어 코스모폴리스라고 하는 상상된 영토에 의해 주어지는 것이 아니"며, "오히려 개인들과 환경의 대사적 관계 및 물질적 관계에 의해 형성"된다. 이러한 관계는 "생태발자국을 발생시키며, 이는 차례로 그 생태발자국이 영향을 미치는 사람들과의 관계를 발생"시킨다. 우리가 관계를 맺고 있는 이러한 사람들은 "가까이 사는 사람일 수도 있고 멀리 떨어져 사는 사람일 수도 있으며, 현시대의 사람일 수도 있고 아직 태어나지 않은 미래 세대일 수도 있다"는 것이다(이우진, 2021).

돕슨에 의하면 생태시민의 공간은 '우리들 자신과 우리가 살아가는 자연환경과의 지속적인 관계가 일어나는 장소'로서, 환경의 문제는 바로 이러한 비영토적 공간의 문제인 것이다.

또한 그것은 현시대를 넘어서는 역사적 시간의 문제이다. 따라서 지구 환경 문제는 "지구의 가장 가까이에서 가장 먼 곳까지 연결"되며 "현재에서 미래까지 지속"된다는 점에서 비영토적이고 역사적인 사태라고 보았다(이우진, 2021). 따라서 생태시민성은 이방인들의 시민성이며, 어떤 의미에서는 모든 사람의 시민성이라고 할 수 있다(김찬국, 2013).

둘째, 비계약성은 생태 문제의 해결을 위해 기존의 사회적 계약을 넘어설 필요성에서 비롯된다. 자유주의 및 시민공화주의 시민성은 계약에 근거한 권리와 책임을 강조한다. 즉, 계약에 의해 권리와 책임을 주고받는 상호적 관계와 의무의 영역 및 대상은 정치조직 및 사람에 한정된다. 그러나 이와 달리 생태시민성은 비계약적인 의무와 책임을 강조한다. 나의 이익을 위한 권리보다 타인과 공공을 위한 의무와 책임을 강조하는데, 그것은 상대방과의 계약에 의해서 또는 상대방과 공평하게 주고받는 것에 의해서가 아니라 조건 없이, 대가를 기대하지 않고 행하는 것이다. 여기서 생태시민성의 의무는 공간적으로 국경을 넘고 시간적으로 현재와 미래를 포함하여 지속가능한 삶이 가능하도록 영향을 미치는 것이다. 의무의 대상은 생태적 공간과 시간에 있는 모든 존재이다. 결국 생태시민성은 비계약성을 전제로 현재 지구 전체에서 살아가고 있는 모든 존재 그리고 미래에 지구에서 살아갈 모든 존재가 지속가능한 삶을 살 수 있도록 책임 있는 행동을 할 것을 요청한다(김희경, 2012).

반다나 시바(Vandana Shiva) 등의 통찰을 기반으로 돕슨은 세계화의 주요한 특징이 권력과 영향력의 비대칭성이라고 주장한다. 원거리에 있는 주체들에 부정적인 영향을 미치는 능력은 '세계화된' 국가들과 정치조직만 가진 것이므로 이러한 비대칭은 쌍방이 서로 감당해야 하는 호혜적 관계가 아니라 비호혜적 책임과 의무를 제기한다. 인간에 의해 발생한 기후변화야말로 비호혜적 책임을 보여주는 비대칭적 원거리 영향의 대표적 사례라고 할 수 있다. 따라서 생태시민성이 요구하는 책임성은 국가 간, 세대 간의 차원을 지니지만 비대칭적이다. 그 책임은 정확하게 다른 사람에게 영향을 끼치는 능력을 가진 사람들에게 있다. 반다나 시바의 통찰과 같이 '북반구의 환경 영향권은 남반구 내에 존재하지만, 남반구의 영향권은 북반구까지 미치지 않고 그 안에서만 존재'한다. 따라서 남반구와 달리 북반구만이 지구적으로 분포한다. 이는 기후위기와 관련하여 생태시민의 책임은 북반구 사람들, 더 정확하게는 '남반구의 선택권 축소'에 관련된 북반구 사람들에게 해당된다는 점을 드러낸다(Dobson, 2003; 김찬국, 2013).

이러한 주장과 다르게, 세계주의는 이상적이고 담론적인

것으로 세계주의 시민성은 '모든 인류를 포함하는 공동체'를 언급하기 때문에 책무의 범위와 정도를 지나치게 확대한다고 비판한다. 반면, 포스트세계주의적 생태시민성은 확인할 수 있는 실제적 손해 관계에 근간을 두고 있기 때문에 책무를 이 관계에 속한 것들로 제한한다(Dobson, 2003). 모든 인류가 기후위기에 동일한 크기로 원인을 제공한 것이 아니기 때문이다. 즉 생태시민성은 확인할 수 있는 실제 손해 관계에 바탕을 두고 책무를 규정하므로 누가 얼마만큼의 책임이 있고 또 그러한 부정적 영향을 상쇄하기 위해 무엇을 해야 하는지 확인하는 데 도움을 준다는 것이다(김찬국, 2013).

생태공동체는 인간과 인간, 인간과 사회의 관계에서 더 나아가 인간과 자연과의 관계로까지 상호작용의 영역이 확장된 것이다. 이러한 자연관과 인간관은 자연에 대한 존중, 자연과의 조화로운 삶, 자연의 법칙에 대한 준수가 바탕이 되어 과학·기술, 생산 및 경제, 정치영역에 새로운 관계 설정을 요구한다. 이 안에서 자율과 합의를 중시할 뿐만 아니라 책임, 정당성, 소수자의 권리 등과 같은 가치에도 관심을 갖는다. 이러한 생태공동체가 관계성에 기반한 '두터운 공동체'이다. 또한 돕슨은 민주적 숙의와 의사결정 과정을 중시하는데, 그 논의의 장소는 국민국가에서 지역적·지구적 수준의 장소로 전환된다.

이러한 공동체에서 시민들이 소통하기에 적합한 거버넌스와 시민들 간의 합의 기제를 발견할 수 있다는 것이다(김소영·남상준, 2012).

셋째, 생태시민성은 정의, 동정, 돌봄, 연민 등의 덕성을 가진다는 것이다. 지구적 환경위기를 극복하기 위해서는 외부적 제재가 아닌 내부적 동기에 근거한 친환경적 행동이 필요한데 이를 가능하게 하는 것이 생태시민성이라는 것이다(김희경, 2012).

정의와 관련해서는 모든 존재의 생태적 공간이 공정하게 분배될 것을 추구하는 것을 들 수 있다. 생태시민성은 현재와 미래, 인간과 비인간 생물종이 자신의 몫을 공정하게 누려야 한다는 정의의 덕성을 추구한다. 정의라는 덕성은 고대 그리스 때부터 국가의 존재 이유가 되는 중요한 덕목이며 고전적 가치다. 근대 이후 자본주의의 폐해가 드러나면서 공동체주의자들은 다시 정의 문제를 거론했고 이어 생태 문제도 다시 정의를 소환하게 된다. 생태 문제는 결국 정의의 문제란 점에서 시민성이 요구되며 따라서 생태시민성의 존재 이유가 생기게 된다(김희경, 2012).

또한 정의의 강조는, 시민들의 일상에서의 개인적 실천도 중요하지만 사회구조에 대한 비판이 시민적 덕성에 있어 필수적임을 주장한 것이다. 생태시민성은 단지 기존 시민성이 사회에 대한 책임에 더하여 생태에 관한 책임을 추가한 것에 그치는 것이 아니라 기존의 사회, 지구를 다시 바라보고 재구성하려는 것이다. 환경 문제를 야기하는 사회구조적인 것에 대한 비판적인 관심은 사회구조적인 것들을 조정하고 재구성할 수 있는 정치적인 것으로 나타난다는 것이다. 따라서 전 지구적인 환경 문제에 적절하게 대처할 수 있는 주체는, 생태적으로 민감하면서도 동료 시민과 자신이 속한 정치공동체와 같은, 정치적인 것들을 고려하는 새로운 유형의 시민이어야 한다고 강조한다(박순열, 2010a).

동정, 돌봄, 연민의 덕성은 정의를 효과적으로 적용시키는 데 중요한 역할을 한다고 주장된다. 생태시민성은 법률, 계약과 같은 외부적 동기보다는, 덕성이라는 내부적 동기에 의해 발생하기 때문이라는 것이다. 생태시민성은 덕성에 기초하고 공동체 구성원으로서의 책임을 강조한다는 점에서 전통적 시민성의 원칙을 따른다고 한다. 그러나 생태시민성이 발현되는 대상은 공간적으로 국가, 시간적으로 현재라는 영역을 넘어선다(김희경, 2012). 공공선의 영역은 인간 공동체에 국한되지 않고 자연을 포함하는 공동체로서 공적 공간을 자연까지 확대한 도덕적 덕목이 요구되는 것이다(Dobson, 2003; 김찬국, 2013). 돕슨과

벨에 의하면 생태시민은 법률적 제재, 경제적 인센티브 때문이 아니라 자신의 행위가 옳다는 생각으로 실천하는 사람들이다. 즉 도덕적 동기에 의해 행위한다는 것이다(김병연, 2011). 생태시민이라고 부를 수 있는 사람들은 재정적 부담 또는 유인에 반응하여 행동하는 사람들보다 더 깊이 지속가능성에 헌신할 것이라고 돕슨은 보았다(김찬국, 2013).

넷째, 생태시민성은 공적·사적 영역의 구분을 거부한다는 것이다. 세계시민의 경우 공적 영역을 강조하는 데 그치지만 생태시민성은 공적 영역뿐 아니라 사적 영역도 중시한다. 돕슨은 "사적 영역은 사람들의 삶이 생산되고 재현되는 물리적 공간 또는 보통 '사적'이라고 간주되는 관계의 영역으로 이해될 수 있다"고 말한다. 그런데 사적 영역인 가정 내에서 이루어지는 친환경적 행동들은 공적 사회뿐 아니라 지구 전체에 영향을 미치는 일이라는 것이다. 또한 이는 공적 계약관계를 넘어 생태적 정의 즉 '친환경적 양심'이라는 덕목을 형성하는 관계라는 것이다(이우진, 2021).

이전의 시민성은 주로 공적 영역에 국한되어 언급되었으나 생태시민성은 사적 영역에서의 책임을 중시한다. 돕슨에 의하면, 생태시민의 의무는 다른 사람들에게 영향을 미칠 수 있는 모든 개인적 행위에 대한 책임으로 설명된다. 국가와 개인 간의 문제뿐 아니라 개인과 개인 간의 관계도 포함한 시민성 개념인 것이다. 즉 시민들 간의 관계성이 중시되며 사적 영역은 생태시민들의 중요한 활동 장소가 된다. 이러한 사적 영역에서의 개인들의 행위가 공적 영역에 영향을 미치기 때문이다. 또한 나의 사적 생활이 다른 이에게 부정적 영향을 미친다면 이를 변화시킬 의무가 있다는 것을 인식하는 것이다(김병연, 2011).

사적 영역의 강조는 두 가지 관점에서 이해할 수 있다. 첫 번째는, 사적인 것은 공적인 것과 연결된다는 것이다. 이는 앞에서 언급한 생태발자국의 의미 즉, 개인의 행동이 다른 존재에 영향을 미친다는 것과 일맥상통한다. 따라서 생태시민성은 사적 영역에서의 일상적 실천을 중시한다. 두 번째는, 생태시민성은 덕성에 기초하는데 이것은 사적 영역과 잘 연결된다는 것이다. 특히 동정과 배려와 같은 덕성은 사적 영역의 관계에서 비계약적으로 적용하기에 적절하다. 덕성은 부모와 자식, 친구 사이와 같은 개인적 영역에서 전통적으로 구현되어 왔으며, 또한 대가를 바라지 않는 행동을 일으킨다. 따라서 생태시민성은 사적 영역에서 효과적으로 발휘될 수 있다. 사적 영역을 중요시하는 생태시민성의 이러한 특성은 공적 영역만을 강조하는 자유주의 및 시민공화주의 시민성과 차이를 보이는 부분이다(김희경, 2012).

M. 스미스(M. Smith)는 생태시민성을 권리와 의무, 사적 영역과 공적 영역, 인간과 비인간 간의 경계를 무너뜨리는 개념으로 간주하며, 또한 특히 의무를 강조한다. 현대의 위험사회의 불확실성과 상호 연계성은 책임과 의무를 과거보다 훨씬 더 요구한다는 것이다. J. 베리(J. Barry) 역시 생태시민의 의무는 공적인 정치 영역을 넘어서는 것으로 고려되어야 한다고 주장한다. 사적 영역에서의 쓰레기 재활용, 책임 있는 소비 생활과 같은 행위가 생태시민의 행위라는 것이다. 베리에 의하면 생태적 책무성과 관련된 논의의 핵심은 사적 영역이 비정치적 장에서 정치적인 장으로 이동해 왔다는 점이다. 즉 생태시민의 덕성은 정치적인 공적 영역에만 한정되지 않는다는 것이다. 정의, 배려, 동정과 같은 덕성은 공적 영역보다 사적 영역과 더 깊은 관련성을 갖는다는 것이다(김병연, 2011). 페미니즘이 자유주의적, 공화주의적 시민성을 비판했던 것 중 하나가 '가장 사적인 것이 가장 공적인 것이다'라는 것이었으며 생태 문제 역시 마찬가지다. 돕슨에 의하면 인류가 직면한 생태 문제는 일상적인 것인데 그것을 틀지우는 것이 공적이고 사회적인 것이다(Dobson, 2006). 이렇듯 생태 문제는 전통적인 공·사 구분을 넘어 일상, 정치공동체, 지구적인 것과 연관된다(박순열, 2010a).

이러한 맥락 속에서 주목할 만한 사회적 현상이 있다. 환경에 대한 관심과 행동이 이타성에 기반하고, 대상, 공간, 시간의 영역을 보다 확장한 것으로 해석되는 사례의 등장이 그것이다. 여기에는 공동체 전체의 더 나은 삶을 위해 지속가능한 소비와 친환경적 삶을 추구하는 로하스(Lifestyle Of Health And Sustainability, LOHAS), 생태주의 가치를 가정뿐 아니라 사회로 적용하여 실천하려는 엄마이자 주부인 '에코맘', 물건의 생산·유통·소비·폐기의 전 과정을 고민하고 그 과정에서 보다 바람직한 선택을 하고자 하는 '착한 소비'와 공정무역에의 참여 등이 포함된다. 이는 개인의 편의와 이익을 희생하더라도 공동체의 환경과 사회를 건강하게 만들기 위한 시도이며, 따라서 책임 있는 시민성, 더 나아가 권리와 책임을 중요시하고 적극적이고 도덕적 영역을 중시하는 "두터운 시민성"이 환경 분야에서 구현된 현상이라 해석할 수 있다(김희경, 2018).

제도에 대한 오스트롬의 관점도 공·사 영역 구분의 무의미함을 보여준다. 제도가 '시장과 국가'의 도식적인 이분법에서처럼, 완전히 사적이거나 완전히 공적인 경우는 거의 없다는 것이다. 많은 성공적인 공유자원 제도는 사적인 것처럼 보이는 제도들과 공적인 것처럼 보이는 제도들의 풍부한 혼합물이기 때문에 경직된 이분법의 틀에 들어맞지 않는다고 한다. 여기에서 '성공적'인 제도란 무임승차와 의무 태만의 유혹이 상존하는 상황에서 개인들에게 생산적 결과를 성취할 수 있도록 해주는 제도를 말한다. 사적 제도의 전형이라 할 수 있는 경쟁적 시장은 그 자체가 공공재다. 어느 시장도 공적인 제도의 뒷받침 없이는 존속할 수 없다. 따라서 실제 상황 속에서 공적인 제도와 사적인 제도는 별도의 세계에 있기보다는 서로 얽혀서 상호의존적으로 존재한다는 것이다(김창진, 2015).

한편, 돕슨의 생태시민성 개념에 대해 비판적인 목소리도 있다. 팀 헤이워드(Tim Hayward)는 돕슨이 시민성이라는 역사적이고 오래된 틀을 고수하면서 새로운 개념을 제시하고자 하는 바람에 자기모순에 빠지게 되었다고 주장한다. 시민성은 주권국가의 구성원을 의미하는 정치적 개념인데 돕슨의 생태시민성은 정치체계를 초월하여 인류의 일반적이고 윤리적인 의무에 더 가깝다는 것이다(Hayward, 2006). 이에 대해 돕슨(2006)은 헤이워드가 '정치적'이라는 의미를 지나치게 좁게 해석하고 있다고 답했다(조미성·윤순진, 2016).

돕슨에 의하면 생태발자국의 차이는 '정의'라는 개념에 의해서 정치적 관계를 만들어내고, 시민들 간의 의무감을 '정치적'이라는 의미로 넓게 해석할 수 있으며, 또한 '세계시민성'의 예에서 보이는 것처럼, 반드시 시민성이 정치체제와 직접적으로 연결될 필요는 없다고 지적한다. '시민성'이라는 개념 자체가 이미 이상적이고 규범적인 개념으로도 널리 쓰이고 있다는 것이다. 시민성의 영역은 "법적 권리주체로서의 '시민'의 한계를 넘어서서 공공재로서의 시민성, 공동체를 지향하는 '관계재'로서의 시민성, 사회정의와 진정한 인간성을 실현하려는 민중투쟁으로서의 시민성으로 다양하고 폭넓게 확장된 상태"이다(김동춘, 2013).

생태시민성의 개념적 혼란에 대한 헤이워드의 또 다른 문제제기는, 돕슨의 생태시민성에 따르면 '과연 누가 생태시민인지' 규정하기 어렵다는 것이다. 생태발자국에 따른 의무감으로 생태시민을 규정한다면, 지구상에 생태발자국을 남기는 모든 사람들이 생태시민이 되어야 하며, 생태발자국을 더 크게 남기는 가해자가 특히 생태시민의 범주에 들어가게 된다는 것이다. 더불어, 의무감을 느끼지 않는 피해자는 생태시민인가 아닌가 하는 문제가 발생한다는 것이다. 따라서 헤이워드는 생태시민의 이러한 기준이 다분히 자의적이 될 수 있다고 비판한다. 이러한 비판에 대한 답으로 돕슨은 시민성에 대한 두 가지 관점을 제시한다. 그것은 각각 '자격(status)'으로서의 시민성과 '실천(practice)'으로서의 시민성인데, 생태시민성은 자격이 아니라 실천으로서의 시민성이라는 점을 강조한다. 만약 자격으로서의 시민성을 이야기하면, 생태시민이 누구인가에 대한 대답

은 혼란스러울 수밖에 없다. 돕슨에 따르면 우리는 모두 생태
시민의 자격을 가질 수 있지만, 그 의무감은 생태적 부채의식
을 가지고 있는 사람에게만 발현되는 것이다. 즉 기존의 시민
자격과는 달리 생태시민성은 '특권'이라기보다 '되어야 하는 상
태'인 것이다. 그렇다면 생태시민은 누가 어떻게 규정할 수 있
는가? 생태시민은 생태적 부채 의식과 역사적 책임감을 인식하
는 사람 자신이 스스로 규정할 수밖에 없다는 것이다. 이 점은
돕슨의 시민성 개념으로 하여금 동어반복적 모순에 빠질 수 있
게 하고 이상적이라는 비판을 면하기 어렵게 한다. 그러나 이
에 대한 반론으로는, 생태시민성 개념은 이론적인 엄밀성을 추
구하는 개념이라기보다 현실의 문제에 대한 실천을 중시하는
규범적이고 변혁적인 개념이라는 것이다. 생태시민은 가시적으
로 명확하게 규정할 수 있는 개념이 아니며, 누군가가 '생태시
민'이라고 말할 수 있는 근거는 그의 실천에 달려 있다는 것이
다. 실제로 한국에서 돕슨의 생태시민성을 바라보는 입장은 매
우 실천적이다. 한국에서 돕슨의 생태시민성의 개념에 대한 비
판적 탐색은 소수에 그칠 뿐인데 그러한 연구들에서도 개념의
엄밀성 여부를 논하기보다는 비판적 견해를 소개하거나 또는
생태적 관점이 오히려 부족하다고는 보는 주장이 일반적이다
(박순열, 2010a; 김소영·남상준, 2012; 조미성·윤순진, 2016; 이우진, 2021).

드라이젝의 이론

존 S. 드라이젝(John S. Dryzek)에 의하면 생태시민성이란 사람들이 장소를 자신에게 맞게 변형시키는 것이 아니라 '생태적 장소의 존경받는 시민'이 되는 것이다. 이들은 생태계가 어떻게 생명을 지키며 생명이 얼마나 취약한지를 아는 사람이다. 또한 지역의 자원으로 물질적 욕구뿐 아니라 정신적 욕구를 충족시키고, 다른 한편 지역과 장소를 넘어서는 사람이기도 하다. 그는 피터 크리스토프(Peter Christoff)와 돕슨의 주장을 빌려 생태시민성을 말한다. 크리스토프에 의하면 생태시민성은 자신이 사는 곳과 별개로 미래 세대와 다른 종들을 위한 스튜어드십의 윤리와 의무를 감당하는 것이다. 돕슨은 특히 부자들의 의무를 강조한다고 그는 보았다. 부자들은 생태적 공간을 과도하게 차지한 반면 가난한 자들은 거의 갖지 못한다는 것이다. 그는 연민의 윤리도 도움이 되지만 그러한 의무는 정의의 문제이지 자선의 문제가 아니라고 지적한다. 또한 그는 돕슨이 지속가능한 사회는 오로지 생태적 동기로 움직이는 시민들에 의해 이루어진다고 강조한 점을 들었다. 즉 그러한 사회는 경제적 인센티브라는 당근과 채찍에 의해 움직이는 소비자와 생산자에 의해 이루어지는 것이 아니라는 것이다(Dryzek, 2005).

이렇듯 드라이젝은 특히 경제적 합리주의와의 관계에서 생태시민성을 논한다. 경제적 합리주의에 의하면 사람은 오직 '경제적 동물' 즉 호모이코노미쿠스로서의 소비자 및 생산자인데, 이러한 경제적 합리주의 내에 '시민'은 없다고 그는 보았다. 그래서 돕슨은, 경제적 인센티브만 가지고는 지속가능한 사회로 가기 위한 실질적 변화를 낳기 어렵다고 보았다는 것이다. 그는, 더 심각하게는, 경제적 인센티브가 생태시민성을 약화한다고 주장한다. 마크 세이고프(Mark Sagoff)에 의하면 모든 개인은 소비자로서의 선호와 시민으로서의 선호를 가지는데 이 둘의 방향은 서로 반대라는 것이다. 예를 들면 소비자로서 나는 직장에 빨리 가기 위해 고속도로가 생기기를 바라지만, 시민으로서의 나는 자연을 훼손하는 고속도로 건설을 반대할 것이라는 것이다. 이때 경제적 합리주의는 오로지 소비자 선호만을 보고 시민적 선호를 억압한다. 이런 이유로 환경운동가들은 경제적 합리주의에 반대하는 것으로 나타난다는 것이다. 또한 경제적 합리주의에 의하면 오염시킬 권리는 다른 상품처럼 사거나 팔 수 있는 것으로 간주된다고 그는 지적한다. 경제적 합리주의는 사람들이 자신의 죄에 대해 죗값을 지불하면 용서되는 것으로 생각한다는 것이다. 이것은 바로 탄소세의 문제를 유치원 부모 사례에 비유한 점을 연상시킨다. 지각하는 부모에게 벌금을 물리게 되면 처음에는 미안하게 생각하며 벌금을 내지만 나중에는 벌금을 내기에 당당하게 지각한다는 것이다. 이와 마찬가지로 탄소세 역시 탄소 문제에 대해 세금을 내면 되는 문제로 인식하게 될 수 있다는 것이다(Dryzek, 2005).

이러한 문제에 대한 해결을 위해 드라이젝은 숙의의 방식을 든다. 그는 시민들이 참여하여 숙의 과정을 거치면 생태적인 결론이 나올 가능성이 크다고 보았다(구도완, 2018). 무엇이 정의로운 환경인지에 대해 각 시민들의 의견이 일치하지 않으므로 인정투쟁의 과정을 통해 보편성을 획득하는 절차상의 정의가 필요하다는 것이다. 정당한 숙의 절차를 거친 의사결정은 국가와 공론장에서 공적으로 인정되고 실행된다. 여기에서 좋은 절차란 공평하고 평등하며, 억압적이지 않고 누구나 참여할 수 있는 절차를 말한다. 강제 없이 누구나 합리적으로 토론할 수 있는 기회가 주어지면 사람들은 선호를 바꿀 수 있고 좋은 결론을 이끌어 낼 수 있다는 것이다. 드라이젝에 의하면 "시민성과 호혜성을 배울 수 있는 유일한 방법은 숙의 그 자체를 해보는 것"이다. 물론 절차적 정당성인 숙의가 보장된다고 해서 생태적 위기를 해결할 수 있는 합리적 결론이 도출되는 것은 아니다. 숙의의 장에 인간 이외의 비인간 생물종이 참여할 수도 없고, 이들의 이해와 관심이 대변될 수도 없기 때문이다(김소영·남상준, 2012). 이에 대해 드라이젝은 자연이 말을 할 수 없지만 신호를 보낼 수 있는 행위자라고 보았다. 특정 생물의 개체수가 급감하는 것 등이 신호라는 것이다. 예를 들어 녹조나 물고기의 죽음 등이 자연의 신호로서 인간은 그것을 주의 깊게 보고 해석해야 한다는 것이다(구도완, 2018).

> 자연을 행위자로 인식하는 것은 우리가 자연에서 발생하는 신호를 인간 주체로부터 나오는 신호와 똑같은 존경을 가지고 취급하는 것을 의미하며, 사려 깊은 해석을 필요로 한다. 다른 말로 자연세계에 대한 우리의 관계는 도구주의적 개입이나 통제를 위해 결과를 관찰하는 것이 되어서는 안 된다. 따라서 자연세계와의 소통적 관계라는 것은 확연히 합리적인 일이다(드라이젝, 2005).

그가 여기서 말하는 '합리적'이란 것은 '생태적으로 합리적'이라는 뜻이다. 생태적 합리성은 기존의 사회적 선택 구도를 봤을 때 일련의 체계들이 환경 문제를 해결하는 데 미흡하다는 점을 발견하고 이를 극복할 대안을 마련하게 한다. 그는 자연이 비록 주체는 아니지만 행위자로 간주될 수 있다고 주장한다. 자연은 비활성적이고, 침묵하며, 마음대로 조정 가능

하거나, 수동적인 것이 아니라는 것이다. 비록 자연은 자기의
식이 있는 주체는 아니지만 사회를 구성함에 있어서 매우 구
성적이고 능동적인 역할을 한다고 그는 보았다(드라이젝, 2005; 김
소영·남상준, 2012).

즈베이르스의 이론

스틴베르겐은 생태시민성의 세 가지 접근 중 '자연에 대한
인간의 책임'을 특히 강조했는데 이때 자연에 대한 인간의 태
도가 어떤 것이어야 하는지가 매우 중요해진다. 이와 관련하여
그는 빔 즈베이르스(Wim Zweers)의 자연에 대한 인간의 여섯 가
지 태도를 소개한다(Steenbergen, 1994; Van Den Born, 2017).

첫 번째는 압제자(despot)로서 이는 자연을 지배하는 절대군
주이며 자신이 하고 싶은 대로 행동한다. 도덕적 제약이나 자
연이 갖는 고유한 특성에 구애받지 않는다. 경제성장과 기술이
문제해결책이라고 생각한다.

두 번째는 계몽전제군주(enlightened despot)이다. 이 역시 인
간이 자연 위에 존재한다고 보지만 다른 한편 자연의 자율성
과 자원 및 생태계의 한계 상황을 이해하는 태도를 지닌다. 기

술에 대한 신뢰도 압제자에 비하면 다소 낮다.

세 번째는 스튜어드다. 스튜어드는 주인이 아니며 자신보다 높은 이를 책임지는 자로서, 소극적인 경우와 적극적인 경우로 나뉜다. 소극적인 스튜어드는 자연을 도구적 관점에서 바라보며 자연에 대한 보호 의식도 다소 약하다. 적극적인 스튜어드는 '창조물의 통합(integrity of creation)'이라는 관점에 서서 자연에 대한 인간의 책임을 한층 더 강하게 의식한다. 자연은 신이나 미래 세대에 대한 것처럼 인간이 엄중하게 생각해야 하는 대상인 것이다. 이 적극적 스튜어드 단계에서, 이전 단계와 다르게 '자연의 고유한 가치'를 깨닫는, 자연에 대한 인식 변화의 결정적 경계를 넘는다.

네 번째는 파트너십이다. 이 모델에서 자연은 인간의 아래가 아니라 옆에 존재하며, 독립적이고 자신의 고유의 가치를 가진다. 파트너란 상호작용과 상호발전의 역동적 과정에서 함께 존재하고 함께 일하는 것이다. 이 모델의 핵심 요소는 '등가(equivalence)'와 '목적성(purposiveness)'으로서, 이는 인간과 자연의 목적을 실현하기 위한 것이다.

다섯 번째는 참여자(participant)이다. 이 참여자 모델에서 인간은 자연의 일부가 되는 것인데, 이는 생물학적 의미에서라기보다 자연에 소속감을 가진다는 것이다. 그리고 이것이 참여자의 정체성을 형성한다. 각 참여자가 가진 고유한 가치는 핵심적 역할을 한다. 또한 인간을 자연보다 열등한 존재라고 보지 않는다. 오히려 인간은 자신의 고유한 가치를 가지며, 자연에 참여하는 것은 인간이 가진 특별한 능력 중 하나다. '참여'는 '일부가 되는 것'이며 '적극적'이고 '책임지는 것'이다.

마지막 모델은 자연과의 완전한 통합(union with nature)이다. 'Unio mystica'로서, 인간이 자연과 직접적으로 영적 일치를 경험하는 것이다. 각 주체의 정체성은 자연 및 존재의 신성한 과정과 합해진다. 이 모델은 심층생태학의 목표 지점으로 여겨지기도 한다.

이 책의 다음 장들은, 위 모델 중 스튜어드, 파트너, 참여자의 특성에 주목하여 이 유형들을 각각 집사, 동료, 참여자 모델로 재구성하고 그것의 예상되는 특징들을 제시해 보고자 한다.

LIVING
AS
ECO-CITIZENS

4장
—
집사로서의 생태시민

스튜어드십의 재조명

최근 반려동물, 특히 고양이를 기르는 사람들이 많아지면서 '집사'라는 용어가 자주 쓰이고 있다. 집사에 가까운 용어로 스튜어드를 들 수 있는데, 스튜어드십은 자연에 대한 생태시민의 태도로도 주목받고 있다. 스튜어드는 배, 비행기, 기차 등의 승무원, 특정 행사의 간사, 집안일을 총괄하는 청지기, 집사 등을 일컫는 말이다. 승무원은 승객들을 돌보고 위기 시 승객들의 안전을 최우선으로 삼는다. 간사는 가장 바쁘고 가장 활동적인 역할을 맡은 이며, 집사는 모든 일을 다 파악하고 총괄하는 사람이다. 이 각각의 일은 모두 현장에서 사람들과 함께하고 또 정서적으로도 깊이 개입한다는 공통점이 있다. 경영학에서 스튜어드십은 '주주가 주식을 사고파는 것에 머물지 않고 기업의 경영에 개입함으로써 기업의 성장을 이끌어내는 것'을 의미한다(신승철, 2021). 매니저가 단순 관리자라면 스튜어드는 일뿐 아니라 마음도 살피는 사람이다.

인간이 자연을 지배의 대상에서 돌봄의 대상으로 바꿔 바라보게 되면서 스튜어드십 개념이 주목받고 있다. 패스모어(Passmore, 1974)는 인간과 자연의 관계를, 압제(despot), 협력(cooperation), 스튜어드십으로 분류한다. 압제 모델은 인간이 자연에 대해 절대권력자가 되는 것으로 자연을 파괴하거나 노예화한다. 협력 모델은 자연이 완벽하게 되도록 인간이 자연과 협력하는 것이다. 협력은 압제와 마찬가지로 인간이 자연을 지배하기는 하지만 이는 자연을 완성하기 위해서이다. 일종의 계몽군주와 같은 역할로 이해할 수 있다. 스튜어드십 모델은 인간이 자연을 지배하는 것이 아니라 자연에 대해 책임을 지는 것이다. 주로 자원 사용의 지속가능성, 다양한 생태계들 간의 통합, 자연의 생존에 책임을 진다(Van Den Born, 2017).

바버(Barbour, 1980)는 자연에 대한 인간의 태도를, 억압(oppression), 자연과 합일(unity with nature), 스튜어드십으로 구분했다(Van Den Born, 2017). 패스모어와 비교해 볼 때 자연과의 합일이란 점을 추가하여 자연의 위상과 주체성을 더 높였고 스튜어드십을 억압과 합일 사이에 위치시켰다. 두 사람의 공통점은 스튜어드십을 억압과 달리 자연에 더 다가간 모델로 본 것이다. 환경에 대한 대표적인 두 가지 태도를 통제(control)와 돌봄(care)으로 봤을 때, 스튜어드십은 통제에서 돌봄으로 더 다가간 것이다.

앞에서 봤듯이, 즈베이르스 역시 스튜어드를 자연에 대한 인간의 태도 중 하나로 제시했다. 그에 의하면 이 단계에서 인간은 비로소 자연에 대한 우월 의식을 버리며 자연을 모셔야 하는 대상으로 본다. 자연은 더 이상 인간을 위해 존재하는 도구에 그치는 것이 아니라 자신의 고유한 가치를 갖기 시작한다.

신승철은 스튜어드십을 웬델 베리(Wendell Berry)의 '포이에시스' 개념으로 설명한다. 베리에 의하면, 기술에는 테크네와 포이에시스라는 두 가지 양상이 있다. 전자는 대상을 쥐어짜고 약탈하고 채굴하고 추출하여 이득을 얻는 방식이고 후자는 양육하고, 부추기고, 섬기고, 돌보는 과정에서 자신의 삶을 유지하는 방식인데 스튜어드십은 후자의 방식을 채택한 것이다(신승철, 2021).

요한 록스트룀(Johan Rockstrom)과 마티아스 클룸(Mattias Klum)

에 의하면, 세계는 지금, '독창성과 소중한 가치와 휴머니즘'을 가진 '지혜로운 스튜어드'를 필요로 한다. 이는 "제도, 집행 기관, 국제 사법제도, 국가 간 협업, 새로운 무역질서, 지구 차원의 변화를 요구하는 데 따른 세계적 규정 등 '위로부터' 권력을 동원하는 것"과 동시에, "'아래로부터'의 풀뿌리 활동가, 지역사회 관리자, 기업혁신가, 교육 실험가, 지역 차원에서 재능을 발휘하는 공공부문·민간부문의 조직가들"이 필요하다는 것을 의미한다(록스트룀·클룸, 2017).

스튜어드십을 서번트 리더십(servant leadership)과 비교해 볼 때 후자는 자신을 낮추어 사람들에게 봉사하는 훌륭한 리더십이지만 상하관계의 질서를 전제하고 또 봉사의 방향이 일방적이라는 한계가 있다. 한편 스튜어드십은 상하관계의 질서를 가로질러 이를 넘나들며 소통의 방향도 쌍방향이다. 서구 영화를 보면 귀족 저택을 관리하는 집사는 귀족은 아니지만 위엄이 있다. 때로 난봉꾼으로 보이는 주인은 집사의 눈치를 본다. 주인은 탁월한 관리자인 그에게 의존할 수밖에 없다. 한편, 평민의 입장에서 볼 때, 집사는 위선적이고 잘난 체하고 기회주의적으로 보이기도 한다. 경계에 서 있는 자는 외롭고 위태롭고 욕먹기 쉽다. 그러나 이러한 경계가 선이 아닌 면이 될 때 그리고 그 면이 점점 넓어지고 또 경계 밖 요소들이 들어와 혼합될 때 다양성은 많아지고 평등성도 강해지며 여러 새로움이 창출될 가능성이 높아질 것이다.

옆에서 돕는 집사

모범적인 스튜어드의 사례로 사회운동가 힐러리 코텀(Hilary Cottam)을 들고자 한다. 『래디컬 헬프』의 저자인 그는 책 제목대로 '근본적 변화를 이루기 위해 돕는 이'로 불릴 만하다. 그의 도움을 받은 스탠의 사례를 보자. 런던의 작은 아파트에 사는 스탠은 사는 데 큰 어려움은 없지만 외로운 노인이다. 그가 원하는 것은 사람들과 함께 좋아하는 음악을 듣는 것으로, 그의 바람은 단순하고 명확하다. 복지 서비스는 바로 이런 관찰

서번트 리더십 ·생태 개념어 쪽지·

서번트 리더십이란 개념은 헤르만 헤세의 『동방순례』가 준 영감으로 탄생한 것이다. 주인공 레오는 여행단의 잡일을 도맡아 하는 심부름꾼 자격으로 여행에 참여하지만 여행단이 지치고 힘들 때 노래를 불러 활기를 불어넣기도 한다. 덕분에 일행은 즐겁고 순조로운 여행을 했다. 그러나 레오가 사라지면서 여행단은 혼란에 빠져 여행을 계속할 수 없게 되고 이에 레오가 실질적인 지도자이며 정신적 지주였음을 깨닫는다. 서번트 리더십에 의하면 '리더란 서번트로서 충실한 사람'이며, 그린리프에 의하면 "위대한 리더는 처음에는 서번트처럼 보인다"(박의수, 2009).

에서 시작되어야 한다고 코팀은 말한다. 이런 요구를 모른 채 정부 청사의 사무실에서 태어난 아이디어는 "문서상 그럴 듯해 보이는 논리에 따라 보고서와 예산이 만들어지고, 뜬금없이 요란한 홍보와 함께 새로운 프로그램이 시작"된다. 뭔가 활발히 진행된다는 것을 보여줄 건물의 개소식, 리본 커팅이 병행되며, 그 결과는 언제나 고비용의 실패라는 것이다(코팀, 2020).

반면에 코팀은 새로운 일을 "이미 있는 것들로부터 시작"한다. 스탠은 전화를 쓸 수 있고 자신과 같은 음악애호가를 전화로 만날 수 있다. 코팀은 스탠이 사는 아파트 관리인에게 혹시 음악동아리를 운영하면 어떻겠냐고 물으니 그는 좋다고 한다. 화요일 저녁을 '음악이 있는 저녁'으로 정하고 원하는 거주자들이 전화로 음악을 듣는다. 누군가 생일을 맞으면 그 전화로 생일축하도 받는다. 스탠의 외로움은 사라졌고 이것이 바로 그에게 "딱 맞는 도움"이었다.

30대 여성 엘라도 도움을 받았다. 그의 가족은 문제가 많다. 통제불능의 아들로 집안이 늘 시끄러워 이웃들의 민원이 끊이지 않는다. 아들은 엘라를 칼로 위협하고 또 자해를 하기도 한다. 막내딸은 아프고 열여섯 살 둘째는 임신 중이다. 엘라는 자기 삶이 지옥이라고 묘사한다. 그녀는 빚쟁이들, 퇴거 경고, 아이들의 앞날 문제로 분노해있고 두려워하고 있다. 엘라는 도움이 절실했는데 그녀를 위해 73명의 전문가들이 그녀의 삶에 관여하고 있지만 그들의 지시와 요구는 엘라가 피하고 싶은 또 다른 고통일 뿐이다. 엘라는 무엇보다 낙인찍히는 것과 창피당하는 것이 너무나 싫다. 그녀는 복지당국이 자기 삶에서 나가주기를 바란다. 정부는 융통성이 없고 스탠이 원하는 것처럼 일상을 조금 가볍게 해줄 작은 것들을 제공하지 못한다. 엘라의 고통과 소망을 제대로 이해하지 못하고 있다.

시민들의 이러한 고충을 해결하기 위해 좌익은 돈을 더 써야 한다고 하고 우익은 복지국가의 거대함을 우려한다. 그러나 양측 모두 돈에 초점을 맞추고 있고, 정부의 조직들은 자신이 그 새로운 일을 맡아 자신의 조직을 키우고 싶어한다. 정부 조직은 자기 이익을 위해 움직이지 시민들의 문제해결에 진정한 관심을 두지 않는다. 코텀은 정부 시스템의 해결 방식은 포드주의의 컨베이어벨트식으로 이미 낡은 것이라고 지적한다. 또한 진정한 문제해결에 예산이 쓰이지 않고 있다. 대기업의 로비와 그들과의 밀착 관계로 정부 관리는 종종 대형 사업을 일으키는 데 더 관심이 많다.

코텀은 수천 명의 사람들과 함께 실험을 하여 대안을 마련했다. 그는 자신들이 개발한 대안은 돈이 들지 않는다고 한다. 사람들의 실제 삶의 현장에서 변화를 일으키기 때문에 전달비용이 적게 들고 예산을 절약할 수 있다는 것이다. 이들은 사람들이 '도움에 덜 의존하게 되도록' 돕는다. 기존 복지 서비스는 어떻게 고칠 것인가를 질문하는데, 이들은 도움이 필요한 사람 곁에 다가가서 "변화를 만들어내기 위해 어떻게 도울지"를 묻는다. 무엇이 삶의 문제를 불러일으키며 밑바닥에 있는 것이 무엇인지 근본에 대한 탐색부터 시작한다. 그들은 필요를 관리하는 것이 아니라 역량을 기른다. 사람들의 내적 감정을 중시하고 그들의 현실구조에 집중한다. 이들은 사람들을 연결하는 것을 중시하고 단순하고 쉽게 협력하고 관계를 맺을 수 있는 시스템을 만든다. 인간관계의 큰 잠재력을 믿기 때문이다(코텀, 2020).

그동안 엘라 가족에게 쓰인 국가의 돈은 1년에 25만 파운드라고 하지만 그것은 문제의 단편적 해결을 위한 구태적인 시스템 유지에 들어가는 것이지 그중 단 한 푼도 그들에게 기회를 주거나 그들의 발전을 위해 쓰이지 않았다. 아이를 돌보는 사회복지사는 근무시간의 86퍼센트를 서류 작성과 회의하는 데에 쓴다. 아이와 만나는 짧은 시간마저도 통계와 보고서 작성을 위한 단순한 질문과 대답에 할애된다. 술을 얼마나 마시는지, 담배는 얼마나 피우는지 등의 질문이다. 이런 방식은 문제가 계속 제자리에 맴돌게 하지 해결하지는 못했다.

근본적 문제 해결을 위해 코텀은 우선 지역 지도자들에게
두 가지를 제안했고 그들은 그것을 수용했다. 첫째는 담당자
들이 가족과 직접 만나는 시간을 80퍼센트로 늘리라는 것이
고 둘째는 그 담당자들을 뽑는 일에 해당 가족이 함께 참여하
여 결정하도록 한 것이다. 이러한 변화를 위해 새로 예산이 증
액되지는 않았다. 단지 그 예산을 쓰는 방식을 해당 가족이 결
정하도록 했다. 그러자 한 가족은 저녁식사를 하면서 서로 대
화하는 데 썼고 다른 가족은 집을 고치는 데 썼다. 또 다른 가
족은 사회적기업을 시작하는 데 썼다. 면접에 뽑힌 전문가들은
문제를 그 가족들과 함께 해결했다. 이들은 이전에 시간을 주
로 보고서 쓰고 회의하는 데 썼던 바로 그 사람들이다. 그러나
이들은 이제 해당 가족들을 만나 좋은 관계를 형성하는 데 쓴
다. 이들의 전문적 능력이 아닌, 이들의 태도가 결정적 해결책
이 되었다. 이들에게 가족들이 마음을 열고 고민과 희망을 털
어놓으며 같이 문제를 해결했다. 즉 이들은 해결사라기보다 친
절한 이웃이 되었던 것이다. 코텀은, 가장 중요한 자원과 역량
은 '관계'라고 말한다. 이러한 방식을 적용한 결과, 12주 만에
여섯 가족 모두 변화가 생겼다. 엘라는 취직했고 아이들은 더
이상 말썽을 부리지 않는다. 이웃과도 친하게 되었다.

   탐험가 어니스트 섀클턴(Ernest Shackleton)도 탐험대원을 뽑

을 때 "다양한 사람들과 같이 일할 수 있는 능력을 갖춘 이들"을 선정했다. 그는 대원들 간의 자발적 토론을 유도했고 대원들 각자가 리더십을 갖도록 동기를 유발했다. 피터 드러커(Peter Drucker)에 의하면 좋은 지도자는 '사랑받고 칭찬받는 사람'이 되려는 것이 아니라 '자신을 따르는 사람이 올바른 일을 하도록' 하는 사람이다. 또한 섀클턴은 솔선수범하고 자상한 사람이었다. 물품 분배를 할 때 자신과 간부들이 맨 나중에 받았고 거주 공간도 더 불편한 곳에 머물렀다. 조난 위기에 식량이 부족해진 상황에서 섀클턴은 자신에게 할당된 비스킷 네 개 중 하나를 강제로 부대장에게 먹였고 이것은 부대장에게 평생 잊을 수 없는 기억이 되었다. 섀클턴은 이런 리더십으로 전원을 무사히 귀환시켜 세상을 놀라게 했다(황인수·정태용, 2020).

미국에 공부하러 간 안창호는 동포끼리 서로 상투 잡고 싸우는 것을 보고 공부를 뒤로 미룬 채 동포들의 생활 개선부터 해야겠다고 생각했다. 그는 교민들 집 앞을 청소하고 화장실까지 청소해 주었다. 그러자 교민사회가 깨끗해지고 사람들도 달라졌다. 이에 "한국에서 얼마나 위대한 지도자가 왔기에 한국 사람들이 저렇게 바뀌었나"라고 미국인들이 감탄했다. 변화된 한국 교민들은 합심하여 공립협회를 만들고 안창호를 회장으로 추대한다. 공립협회는 상부상조, 애국심 고양, 범법행위 금지, 밤 9시에 취침할 것, 속옷 차림으로 외출하지 말 것, 방을 깨끗이 정리할 것, 번 돈을 저축할 것, 차이나타운 가서 돈을 쓰지 말 것 등 아주 구체적이고 명확한 규범을 정했다(김영재, 2011). 결코 어렵거나 추상적인 내용이 아니었다.

현재 젊은 세대도 이러한 리더십을 원한다. 새로운 세대는 '나를 따르라'고 외치는 리더보다는 '당신을 지원하겠다'는 리더를 필요로 한다. 이들이 원하는 리더는 "리더 자신의 역량뿐 아니라 구성원들의 동기와 역량을 이끌어내어 조직의 목표를 달성할 수 있는 리더"다. 리더십 연구자들은, 밀레니얼 세대의 가장 두드러진 특징으로 다음의 세 가지를 꼽는다. 첫째, 이들은 언제나 다른 이들과 연결되기를 기대한다. 둘째, 이들은 사회 및 시민의식에 기반하여 참여하고자 한다. 셋째, 이들은 기술 이용에 익숙하다. 그 다음으로 제시되는 특징은, 다섯 가지로서, 첫째, 강한 자기주관, 둘째, 성공 또는 성취에 대한 높은 기대, 셋째, 실패를 두려워하지 않는 마음, 넷째, 권위와 강압적 규율에 대한 반발, 다섯째, SNS 학습에 대한 익숙함이다(김희봉, 2019).

코텀에 의하면 새로운 시대에 맞는 조직은 "당신이 가장 잘 알고 있다"고 말해주는 그런 문화의 조직이다. 조직 리더에 대해 오랫동안 연구해온 피터 센게(Peter Senge)는 효과적인 리더들의 공통적 성향은 '어떻게 내려놓을지를 아는' 사람들이라고 한다. 그들은 조직 내에서 변화와 성찰과 타인의 성장을 돕는 공간을 창출해 낸다. 코텀은 정부가 더 이상 기계적으로 권력을 좌우해서는 안 되고 대신 "정원을 설계하고, 식물을 심고 돌보고 가꾸며, 필요하면 잡초도 뽑는 수석 정원사와 같은 역할을 해야 한다"고 말한다(코텀, 2020).

양육하는 집사

집사의 다른 말인 청지기는 성경에서 "충성스럽고 슬기로운"이로서 다른 종들에게 "제때에 양식을 공급할 책임"을 맡은 이로 묘사된다(「누가복음」 12장 42절). 집사는 관리자와 양육자의 마인드를 다 갖고 있는 사람이다(신승철, 2021). 요즘 개, 고양이 등 반려동물을 기르는 사람들이 늘어나면서 반려동물 특히 도도한 고양이를 모시는 '집사'를 자처하는 사람들이 늘고 있다. 집사는 단순히 관리하는 차원을 넘어 관심과 사랑을 갖고 또한 상대와 교감하며 위로를 받는 존재다. 사람이 고양이를 돌보는 것 같지만 그 반대로 고양이가 집사를 돌보는 것이라고 말하는 사람도 있다. 이렇듯 집사는 다른 존재를 지원하고 이들의 역량을 키우면서 동시에 본인도 함께 성장한다. 돌봄과 사랑을 통해 타 존재와 교감하고 관계를 풍성히 하며 자신을 키워가는 '집사'가 늘어나는 현실은 고무적이다.

캐롤 P. 크리스트(Carol P. Christ)는 새로운 모델의 윤리적 가이드라인으로 다음의 아홉 개의 시금석을 제안한다(크리스트, 2020).

> 생명을 양육하라.
>
> 사랑과 아름다움을 느끼며 걸으라.
>
> 몸을 통해 오는 지식을 신뢰하라.
>
> 갈등, 아픔, 고통을 사실대로 말하라.
>
> 오직 필요한 것만을 취하라.
>
> 당신의 행동이 다음 일곱 세대에 미칠 영향을 생각하라.
>
> 생명을 죽여야 할 때는 자제하는 마음으로 하라.
>
> 넓은 자애심을 펼쳐라.
>
> 생명의 그물망을 보수하라.

그의 첫 번째 시금석은 '생명을 양육하라'는 것이다. 또한 여기서 주목할 만한 점은 그가 제시하는 것이 '시금석'이란 점이다. 시금석은 강경하고 굳은 개념인 원리, 원칙, 강령과는 다르다. 시금석(touchstone)은 본래 금이나 은의 순도를 확인하기 위해 사용하는 돌로서, 어떤 가치에 대한 판단을 하기 위한 방식이나 기준 정도로 이해할 수 있을 것이다. 따라서 시금석은 절대적 명령이 아니고 각자 사람들이 판단하기 위해 사용하는 도구이므로 사람들의 능동적이고 자율적 판단을 존중한다. 그의 '아홉 시금석'은 성경의 십계명과 다르다. 십계명 역시 명령(commandment)이란 점에서 시금석은 이것과 차별화된다(이나미, 2022a).

집사는 '무엇이 옳고 그르다'는 단정적인 말을 일방적으로 하지 않는다. 집사는 서번트, 즉 하인이 아니지만 동시에 마스터, 즉 주인이 아니다. 스튜어드십은 어떤 확실한 답이 있다고 단정 내리지 않고 끊임없이 고민하며 수정하는 과정을 이어간다. 무엇이든 '뻔하게 바라보지 않는 태도'를 가져야 하고 이것이 스튜어드십의 핵심이라고 신승철은 강조한다. 집사가 던져야 하는 질문은 본질과 이유에 대한 질문인 '왜(why)'가 아니라 작동과 양상, 방법론의 질문인 '어떻게(how)'여야 한다는 것이다(신승철, 2021).

또한 양육자로서의 집사는 무엇을 금지하기보다 격려하고 부추긴다. 십계명의 '살인하지 말라'는 소극적인 내용 대신 '생명을 양육하라'는 적극적이고 긍정적인 권고를 하고 있다. 모세의 십계명은, 다른 신을 섬기지 말라, 우상을 섬기지 말라, 하느님 이름을 망령되이 부르지 말라, 살인하지 말라, 간음하지 말라, 도둑질하지 말라, 거짓 증언을 하지 말라, 이웃의 아내나 재물을 탐내지 말라 등 금지어가 대부분인 데 반해, 크리스트의 시금석은 모두 긍정문으로 구성되어 있다. 십계명 중 나머지 두 개의 긍정문도 안식일을 지키라는 것과 부모를 공경하라는 것 등 종교와 가족에 국한되어 있다. 반면 크리스트의 시금석은 보편적, 초월적, 우주적이면서 동시에 구체적이고 미세하다. 또한 불가피하게 생명을 죽여야 할 때를 상정하는 등 현실적이며, 또한 그럴 경우 자제하라고 권한다. 그 생명에는 사람만이 아니라 다른 생명체도 포함된다.

크리스트의 시금석 중 몇 개는 미국 선주민의 교훈에 뿌리를 두고 있다. 그런데 미국 선주민 이로쿼이족을 포함하여 히말라야의 모소족, 수마트라의 미낭바카우족은 공동 돌봄과 비혼의 공동체이다. 이러한 사회는 흔히 '모계사회'로 불려 오해를 낳는다. 부계사회나 가부장제의 반대어로 이해되는 모계사회는, 부계사회에서 아버지가 대장인 것처럼, 어머니가 대장이 되는 그런 사회가 아니다. 모계사회의 본질은 어머니-딸-손녀로 가계가 이어지는 수직적 계열화가 아니다. 가족 구성원의 새로운 생성은 여러 갈래로 또한 다양한 형태로 뻗어 간다.

그리고 그 특징은 평화, 평등, 공동 돌봄이다. 이런 형식을 가져오게 하고 또한 부계사회와 결정적으로 다르게 하는 특징은 '비혼사회'라는 점이다.

혼인사회 특히 부계사회는 남남끼리 같이 사는 구조다. 핵가족의 경우 부부는 서로 남남이다. 며느리가 시집에 와서 사는 확대가족의 경우 남남 관계는 훨씬 더 늘어나고 복잡해진다. 우선 시부모 간이 서로 남남이며 며느리는 남편, 시부모와 남남이다. 손주며느리를 들이는 경우 남남의 조합은 늘어나고 계속 이어지고 복잡해진다. 명절날 모든 며느리가 모이게 되면 가족이라는 이름하에 다양한 타인들의 집합소가 된다. 스트레스와 불화는 이러한 명절날에 터진다. 갈등은 이렇듯 본래 가족이 아니면서 또한 자신이 가족으로 선택하지도 않은 사람들이 억지로 같이 살아야 하는 상황에서 벌어진다. 때때로 남성이 배우자와 자식들로부터 소외되고 외톨이가 되거나, 술주정뱅이가 되어 배우자와 자식들에게 폭력을 가하는 경우가 있다. 이는 자연스러운 가족 형태가 아니기 때문일 수 있다. 결혼제도는 남성으로 하여금 그를 가장 사랑하는 사람인 그의 어머니로부터 떼어내어 타인과 함께 살게 한다. 이는 남성에게도 비극이며, 여성 입장에서도 애지중지 기른 자식들을 다른 가족에게 보내야 하니 마찬가지로 비극이다.

이런 여러 가지 이유에서 일부일처제가 현재 인간들에게 자연스러운 것인지 되물을 필요가 있다. 대체로 일부일처는 암컷이 알을 낳고 품어야 하는 조류의 특징이다. 인간과 가까운 동물이며 평화로운 공동체를 구성하는 것으로 잘 알려진 보노보 무리는 일부일처가 아닐 뿐 아니라 부계사회도 아니란 점에서 특히 주목된다. 다 커서 번식할 능력이 되어 독립하는 자식은 수컷이 아니라 암컷이다. 수컷은 평생 자신의 가족과 함께 살고 암컷은 독립하여 자신의 새 가족을 일군다.

히말라야의 모소족도 비혼사회이다. 여성이 성인이 되면 자신만의 방을 갖고 연인과 자유롭게 만난다. 연인이 바뀌는 경우도 있지만 평생 한 사람과 사귀는 경우도 많다. 가족 내에 대장은 따로 없으며 중요한 사항은 모두 모여 의논해서 민주적으로 결정한다. 고대 유럽 토착민 사회도 가부장제가 아니었으며 비혼사회였고 여신을 숭배했다. 이 공동체는 농업사회로서 평화롭고 또 예술적이었다. 농업사회인 한국에서도 샤먼은 주로 여성이다. 고대 유럽은 인도유럽어를 쓰는 부계적이고 호전적인 기마족에 의해 정복되었고 이들은 유럽에 가부장제를 정착시켰다. 즉 가부장제는 전쟁, 약탈과 함께 들어왔다. 또 축적된 재산을 확실하게 자신의 혈육으로 여겨지는 아들에게 상속하기 위해 여성의 성생활을 통제했다. 이때부터 신은 여성이 아닌 남성으로 그려졌다(크리스트, 2020). 약탈은 보다 세련된 방식으로 자본주의 사회로 이어졌고 이러한 약탈적 자본주의 역시 축적된 재산을 확실한 생물학적 자식에게 물려줄 수 있는 부계 구조를 유지한다.

한국에서도 본격적인 가부장제는 조선 중기 이후 남녀차별이 심화하면서 확립되었다. 고려시대는 말할 것도 없고 조선 중기까지 여성은 결혼 후에도 시댁이 아니라 자신의 본가에서 오래 살았다. 남녀가 혼인하더라도 여성은 친정에서 자신의 아이를 낳아 키웠고 남편은 본가와 처가를 왔다갔다하며 지냈다(한미라·전경숙, 2004). 율곡은 어릴 적 어머니인 신사임당의 고향 집에서 컸고 그 집은 또 신사임당의 어머니 집이었다. 한국에서 남녀차별적인 제도는 조선 중기 이후 장자상속제의 확산 및 일본의 부계 중심의 가족제도가 들어오면서 확립된다. 불평등한 가족제도는 2005년 헌법재판소에 의해 호주제가 "개인의 존엄성과 양성 평등에 위반된다"며 위헌 결정이 나면서 다소 완화된다. 2008년부터 호주나 가(家)의 개념 없이 개인별 편제를 따르는 새로운 신분등록제도가 실시된다. 최근에는, 혼인이나 혈연적 관계뿐 아니라 누구나 자신이 원하는 가족을 구성하고 이로 인해 차별받지 않을 권리를 목표로 한 '가족구성권'이 주장되고 있다(백영경, 2019).

오늘날 비혼 인구가 늘어나면서 다시 가족의 형식이 변화될 가능성이 점쳐지고 있다. 현대의 비혼의 증가는 경제적 어려움이 한 원인이기도 하지만 동시에 자유와 독립, 다양성의 추구 때문이기도 하다. 또한 혈연이 아니더라도 자신이 선택한 사람과 가족을 구성할 권리가 주장되고 있다. 아이를 가진 비혼 여성들끼리 가족을 구성하거나 노인이 된 친구들이 모여 가족공동체를 이룰 수도 있다. 또한 반려동물을 가족 구성원으로 맞이하는 현상도 일반화되고 있다. 이렇듯 인간종을 넘어서 돌봄과 양육을 구현하는 집사로서의 생태시민이 많이 등장하고 있다.

이러한 다양한 가족 형태의 상상에서 무엇보다 강조되어야 하는 것은 돌봄노동의 중요성이다. 사실상 모든 노동은 본질적으로 돌봄노동이고 또 그래야만 한다. 인간이 하는 모든 노동은 자신과 자신이 사랑하는 이들을 돌보기 위한 것이기 때문이다. 모계사회라 불린 비혼사회는 돌봄공동체 특히 공동돌봄의 공동체였다. 오늘날 빈번하게 등장하는 아동 학대, 아동 살해의 부분적 이유는, 공동체나 확대가족이 공동으로 돌봐야 할 아동을, 부모 특히 한 부모가 오롯이 혼자 돌보는 상황에서 비롯된 것이기도 하다. 국가, 공공시설, 기업의 일자리와 노동시간이 줄어들 때 노동자들은 그 시간을 자신과 가족들을 돌보는 데 쓰고 그 노동에 대한 대가를 국가가 지불하는 돌봄소득 제도가 마련되어야 한다. 왜냐하면 시민을 돌보는 국가의 의무를 시민들 스스로 행했기 때문이다.

공경과 사랑

크리스트의 시금석이 미국 선주민의 교훈을 빌린 것처럼 에콰도르와 볼리비아도 원주민의 지혜를 빌렸고 더 나아가 이를 헌법에 명기했다. 그것은 인간과 자연이 조화롭게 공존하는 '좋은 삶'이란 의미의 '부엔 비비르'와 '수막 카우사이'다(유정길, 2022). 남아프리카도 자신의 전통에서 가치를 찾았다. 만델라와 투투 주교가 강조한 '우분투'는 반투어로 '네가 있기에 내가 있고, 우리가 있기에 내가 있다'는 뜻을 갖고 있다. 이는 '사람들이 모두 연결되어 있음'을 강조한 것으로, 이러한 '우분투 리더십'이 한국에서도 주목받고 있다(유성동, 2022). 부엔 비비르와 우분투 모두 생태시민적인 집사의 덕성을 보여준다.

우리에게도 오래된 생태시민적 지혜가 있다. 만물을 공경하는 '경물(敬物)', 만물의 신성을 키우는 '양천주(養天主)'가 그것이다(김용휘, 2017). 이는 동학의 가르침이지만 동학이 나타나기 이전에도 우리 조상은 자연을 공경했다. 정조는 천재지변을 당했을 때 자연을 공경하고 두려워하는 자세로 재난에 대처하고 극복하려고 했다. 평소 하늘을 부모님처럼 생각하여 공경하며 재난이 없어도 재난을 만난 것처럼 하고 재난을 만나면 재난을 그치게 할 방책을 '공경하며 두려워하는 마음'으로 해야 한다고 했다(박경남, 2016). 정조는 자연재해나 이상기후는 하늘의 의지에 따라 발생하는 것이 아니라 인간의 행위가 하늘의 이법(理法)에 어긋났을 때 일어나는 것이라고 보고 그 해결책도 천리에 어긋난 인간의 잘못된 행위를 반성하고 고치는 것으로 생각했다.

동학에 의하면 만물은 '하늘을 모신 존재'로서 공경을 받아야 한다. "한울은 만물을 지으시고 만물 안에 계시나니, 그러므로 만물의 정(精)은 한울"인 것이다(『해월신사법설』, 기타). 또한 사람은 만물을 공경해야 최고경지에 이를 수 있다. 즉 모든 물은 인간의 공경을 받음으로써 인간을 승화시키는 역할을 한다. 최시형은 "사람은 사람을 공경함으로써 도덕의 최고경지가 되지 못하고, 나아가 물건을 공경함에까지 이르러야 천지기화의 덕에 합일될 수 있느니라"고 했다(『해월신사법설』, 내수도문).

동학은 천지를 부모처럼 공경해야 한다고 가르친다. 동학에 의하면 부모의 포태가 곧 천지의 포태로서 어머니의 젖과 오곡은 천지의 젖이고 천지의 녹(祿)이다(『해월신사법설』, 천지부모; 김용휘, 2017).

> 우주에 가득 찬 것은 도시 혼원한 한 기운이니, 한 걸음이라
> 도 감히 경솔하게 걷지 못할 것이니라. 내가 한가히 있을 때
> 에 한 어린이가 나막신을 신고 빠르게 앞을 지나니, 그 소리
> 땅을 울리어 놀라서 일어나 가슴을 어루만지며, 「그 어린이의
> 나막신 소리에 내 가슴이 아프더라」고 말했었노라. 땅을 소중
> 히 여기기를 어머님의 살같이 하라. 어머님의 살이 중한가 버
> 선이 중한가. 이 이치를 바로 알고 공경하고 두려워하는 마
> 음으로 체행하면, 아무리 큰 비가 내려도 신발이 조금도 젖지
> 아니할 것이니라(『해월신사법설』, 성경신).

또한 최시형은, 침을 멀리 뱉고, 코를 멀리 풀고, 물을 멀리 뿌리면 곧 천지부모님 얼굴에 뱉는 것이나 조심하라고 했다. 그는 인오동포(人吾同胞), 물오동포(物吾同胞)라 하여 모든 사물도 동포라고 했고, 해와 달도 생물처럼 살아 있는 것으로 보았다.

브루스 립튼(Bruce Lipton)과 스티브 베어맨(Steve Bhearman)에 의하면, 만물의 연결성에 대한 이해와 그 연결성으로부터 우러나오는 행동이야말로 '자발적 진화'의 열쇠다. 우리와 세계와

우주를 연결하는 것은 자비다. 티베트의 스님에 의하면 "자비는 인간의 경험일 뿐만 아니라 우주의 힘이기도 하다." "자비는 장(場)이자, 우리가 그 장에다 담는 의도"라는 것이다. 모든 개인의 자유롭고 의도적인 선택은 전체 인류에게 직접적인 영향을 미친다. 사랑이란 "분리가 없고 하나인 전체를 지향하는 힘"이다. 사랑은 "다양한 형태를 취할 수 있지만 그 핵심적인 본질은 연결성"이다. 레오나르드 래스코우(Leonard Laskow)는 사랑의 반대는 미움이 아니라 분리라고 말한다. 즉 사랑을 과학으로 표현하면 '연결'이고 그 반대는 '분리'다. 래스코우에 의하면 "사랑은 우주의 화음이다"(립튼·베어맨, 2012).

5장

동료로서의 생태시민

파트너십의 등가성

집사로서의 생태시민이 다른 존재를 돌보고 공경하며 사랑한다면, 동료로서의 생태시민은 다른 존재를 믿고 의지하고 협력한다. 이것은 파트너십으로 인간-자연관계에 대한 즈베이르스의 네 번째 모델이다. 이 모델에서 자연은 인간의 아래나 위가 아니라 옆에 존재하며, 독립적이고 자신의 고유의 가치를 가진다. 파트너란 상호작용과 상호발전의 역동적 과정에서 함께 존재하고 함께 일하는 것이다. 이 모델의 핵심 요소는 '등가(equivalence)'과 '목적성(purposiveness)'으로, 이 둘은 인간과 더불어 자연의 목적을 실현하기 위한 것이다(Van Den Born, 2017).

"내 삶을 바꾸는 성평등 민주주의"라는 팻말을 들고 시위하
는 여성들. 페미니즘 운동은 '지도자 없는 운동'의 전형이 되
고 있다.
출처: 이화민주동우회

동료로서의 생태시민은 자연에 대해서뿐 아니라 같은 시민에 대해서도 요청되는 모델이다. 집사로서의 생태시민이 사회적 영역, 복지의 영역에 어울리는 태도라고 한다면 동료로서의 생태시민은 정치적·경제적 영역에서 주목될 만한 모델이다. 즈베이르스가 파트너십에서의 핵심 요소로 '등가'를 꼽았는데 이는 한 사람이 다른 사람에 대해 우위에 있는 것이 아닌 동등한 관계에 있는 것이다.

현대의 사회운동의 특징도 대중 위에 서는 지도자가 따로 있지 않다는 것이다. 안토니오 네그리(Antonio Negri)와 마이클 하트(Michael Hardt)에 의하면 현재 매년 '지도자 없는' 사회운동의 폭발이 계속해서 목격된다(네그리·하트, 2020). 한국의 독립운동과 민주화운동의 역사도 지도자 없는 혁명의 연속을 보여준다. 네그리와 하트에 의하면, 지도자들은 계속해서 운동 내부로부터 비판받고 무너지며 운동 내부에서는 반권위주의와 민주주의가 중심적인 토대가 되었다. 이는 모든 이의 의식과 능력을 고양하는 것이며, 그 결과 모두가 정치적 의사결정에서 동등하게 말하고 참여할 수 있게 된다. 특히 페미니즘 조직들은 전체의 허가 없이는 미디어에 아무도 발언하지 못하게 함으로써 어떤 특정 인물이 대표자나 지도자의 자리를 차지하지 못하게 하는 규칙들을 발전시켰다(네그리·하트, 2020). 한국에서

도 대통령 탄핵의 신호탄이 되었던 이화여대생들의 달팽이민
주주의나 페미니즘 운동에서 두드러지는 지도자가 보이지 않
았다.

　에리카 에드워즈(Erica Edwards)에 따르면 카리스마적 리더
십은 정치적으로 위험하며 폭력적 양태를 띨 수 있다. 우선 그
것은 과거를 허구적으로 제시한다. 즉 다른 역사적 행위자들의
효과를 침묵시키거나 가린다. 둘째로, 운동 자체를 왜곡시키고
민주주의를 불가능하게 하는 권위구조를 창출한다. 마지막으
로 이성애규범적 남성성을 이상시한다. 즉 카리스마적 남성 지
도자들이 사회운동에 필수적이라는 생각을 사람들에게 불어
넣을 수 있다는 것이다(네그리·하트, 2020).

　새로운 사회운동 세대에 의하면 이전 세대들이 가르친 중
앙집중화된 리더십은 민주적이지 않을 뿐 아니라 효율적이지
도 않았다. 이제 새로운 사회운동에는 카리스마적 지도자도,
운동의 대변인도 보이지 않는다. 대신 익명성을 유지하는 촉진
자들의 넓은 네트워크가 거리와 소셜미디어에서 연결을 구축
하고 집단행동의 안무를 연출한다. 과거 시민의 역사에서 보았
듯이 진정한 시민혁명의 주역들은 '보이지 않은 존재들'이었
으며, 현대의 운동도 이렇듯 "지하에 잠복했던" "민주적 경향
들을 한데 모으는 새로운 조직형태들을 실험하는 장"이 되고

있다. 오늘날 해방운동의 지도자들은 등장할 때에 가면을 쓰기도 한다. 지식인도 운동의 대변인이 아니라 운동으로부터 배우려고 하거나 운동에 기여하는 역할을 하고자 한다(네그리·하트, 2020).

한나 아렌트에 의하면 '리더'란 용어는 "어떤 일을 시작하고 그 일을 수행하도록 도와줄 동료를 찾는 사람"으로 해석해야 한다. 사실상 인간의 모든 행위는 다른 이와 "함께 하는" 행위이며 "친구와 신뢰할 만한 동료 없이 행위할 수 없다." 아무도 혼자서는 자신의 경험으로 객관세계를 그 완전한 모습대로 파악할 수 없다. 만일 어떤 이가 세계를 '진정으로' 있는 그대로 보고 경험하기를 원한다면, "그것은 세계를 수많은 사람이 공유하고, 그들 사이에 있고, 그들을 분리시키는 동시에 연결시키면서 있는 어떤 것으로서 이해하는 방법을 통해서만 가능하게 된다"는 것이다. 세계는 사람마다 다른 모습을 드러내며, 수많은 사람들이 서로 함께 하고 또한 대립하면서 의견과 관점을 교환할 수 있는 한 이해할 수 있는 것이다(아렌트, 2007).

이는 인간의 능력을 연구하는 데 평생을 바친 과학자 프랜시스 골턴(Francis Galton)의 경험에서도 드러난다. 그는 본래 사람들이란 어리석고 무지해서 도저히 신뢰할 수 없는 존재라고 생각했다. 그런 그가 한 농업박람회에 구경을 가서는, 생각을 완전히 바꾼다. 그곳에서 그는 사람들이 소 한 마리에게서 어느 정도의 무게의 고기가 나오는지 내기를 하는 것을 본다. 그들 중에는 정육점 주인과 같이 소고기를 잘 아는 이도 있었지만, 대체로 육가공에 대해 아는 것이 없는 사람들이 대부분이었다. 그래서 당연히 이들의 답은 들쭉날쭉했다. 그런데 이들의 답을 모두 더한 다음 평균을 내보니 소고기의 실제 무게와 거의 같았으며, 심지어 그 수치는 그 내기에서 1등을 한 사람의 답보다 훨씬 더 실제 무게에 근접했다. 즉 집단의 추정치가 전문가의 답보다 훨씬 더 정확했던 것이다(립튼·베어맨, 2012).

이것이 집단지성의 힘으로, 이를 증명하는 사례는 매우 많다. 그렇기 때문에 오늘날 1인 전문가보다 팀 단위의 작업이 더 많이 수행된다. 더구나 현대로 올수록 문제는 더 복합적이고 정보는 빠르게 변화하기 때문에 다양한 사람들의 지식이 필요하다. 한 전문가에게 일을 맡기면 신속하게 처리되겠지만 그가 갖고 있는 편향으로 실패의 위험이 높아진다. 성급한 결론은 다양한 대안을 충분히 검토하지 못하게 하거나 선택방안에 대한 부정적 측면을 생각하지 못하게 한다. 구성원들이 다양한 아이디어, 의견, 전망 등을 제시할 때에만 집단은 훌륭한 결정을 내릴 수 있다. 실험에 의하면 단 하나의 반대의견이 있는 경우라도 그것이 전체에 영향을 줄 수 있고 의사결정 과정에 활력을 불어넣을 수 있다. 반대의견은 상황을 재검토하게 하고 그냥 간과하고 넘어갈 수 있는 대안을 확인하는 계기가 된다. 따라서 리더는 구성원들이 다양한 의견, 아이디어, 전망 등을 활발하게 개진할 수 있도록 해야 한다(Heuer Jr, Pherson, 2016).

동료적인 토론 방식

훌륭한 결정으로 인도하는 의사결정 과정은 동료들의 민주적이고 협력적인 방식을 통해서 가능할 것이다. 그동안 우리 사회에는 제대로 된 시민교육이 부재하여 민주적 의사결정이 어렵다고 여겨졌다. 그리하여 한국 교육계는 비판적 사고와 더불어 토론 능력을 중시한 민주시민의 중요성을 강조해 왔다. 실제로 정치·사회적 이슈를 주제로 한 대화 및 토론 경험이 정치에 대한 흥미와 지식, 민주적 가치와 기능, 참여적 행동과 같은 시민성 발달의 여러 측면에서 효과가 있다는 연구 결과들이 제시되어 왔다(박윤경, 2020).

이러한 토론을 강조한 민주시민교육 관련 기존 연구는 독일 사례 및 보이텔스바흐 협약(Butelsbacher Konsens)을 다룬 것이 많다. 독일은 이미 1919년 바이마르 공화국 헌법에서 국가시민과 노동교육을 학교 교과목으로 개설할 것을 규정했으며 2차 세계대전 이후 독일 사회의 민주화를 위한 각 정당 간의 초당적 합의가 이루어졌고 이를 토대로 국가와 정당 주도의 정치교육이 가능하게 되었다. 1947년에는 민주주의 교육을 학교 교육의 목표로 설정하고 이를 달성하기 위한 수단으로서 학교 교육에서 사회과를 강조했다(허영식·신두철, 2007).

독일에서도 정치교육을 바라보는 관점과 적용 방법 등에서 진보·보수 간에 상당한 대립이 있었다. 이에 다양한 이념적 지향과 관점을 가진 참여자들이 보이텔스바흐에서 논의하여 강압 금지, 논쟁성 유지, 학습자 이익 중시라는 정치교육의 대원칙을 합의하게 된다. 보이텔스바흐 협약은 오스트리아와 스위스에서도 수용되어 민주시민교육의 기본원칙으로 활용되고 있다(설규주, 2018; 이동기, 2018).

그런데 보이텔스바흐 협약 중 '논쟁성 유지'는, 나라마다 정치문화가 다르기 때문에 재고의 여지가 있다고 판단된다. 그레고리 베이트슨(Gregory Bateson)에 의하면 독일은 '보완적' 경쟁체제, 즉 강자에게 약자가 승복하는 것이 자연스럽게 여겨지는 문화를 가진 반면, 영국은 강자에게 강하게 대하고 약자에게는 관대해야 한다는 규범을 가진 '대칭적' 경쟁체제이다(베이트슨, 2006). 그런데 한국인은 일반적으로 강자에게 쉽게 복종하기보다 도전하려는 태도를 보이는 것을 높이 평가하며 그러한 점에서 영국과 같은 대칭적 경쟁체제에 가깝다. 그런데 대칭적 체제의 정치문화에서 논쟁성의 강조는 합의를 더욱 어렵게 할 수 있다. 베이트슨에 의하면 대칭적 체제일 경우 양극성보다는 중간적 존재가 양극단을 중재하는 삼원적 구조가 일반적이다. 우리의 경우도 사회 내에서 양 극단이 서로 갈등하는 것처럼 보이지만 사실은 판단을 유보하는 중간적 세력이 수적으로 훨씬 더 많으며 이들의 결정에 따라 정치의 판도는 바뀌어 왔다. 따라서 독일과 다른 정치문화를 가진 한국에서는 다른 모델이 필요하다고 여겨진다.

실제로 한국의 학교에서 행해진 토론식 수업에서 논쟁성의 유지는 갈등을 더 격화하는 결과를 초래했다. 사회 내 극한 대립과 갈등이 종종 교실에서 재현되었다. 예를 들면 페미니즘 수업에서 남학생들은 '객관적이지 못하고 편향적인 수업에 일방적으로 노출되는 것이 싫다'고 수업 주제에 반발했다고 한다. 그 수업 과정에서 교사와 학생들은 '진심으로 불편했다'고 하며 수업 마지막에 서로 생각을 솔직히 나누는 시간을 가졌지만 대립과 갈등은 지속되었다고 한다(강화정, 2020). 또 다른 토론식 수업에 참여한 학생들은 토론 과정에서 편이 갈라져 서로 간에 화를 내고 욕을 했으며 이후 한 달 동안 반대 입장에 섰던 학생들은 서로 증오하는 태도를 보였다고 한다. 또한 토론 동아리는 대회에 나가는 것을 목표로 하기 때문에 진솔한 의견을 나누는 것보다는 토론에서 이기는 기술을 습득하는 것을 중시했다고 한다. 박윤경의 연구에서 초중고 학생들은 이슈 토론에 대해 대체로 부정적인 경험을 갖고 있었다. 다른 사람의 의견을 무조건 반박해야 하거나 다른 사람으로부터 공격당하는 환경에서 이루어지는 이슈 토론은 자신과 생각이 다른 타인을 '적'으로 인식하게 하는 부작용을 낳았다는 것이다(박윤경, 2020).

이러한 논쟁식 토론의 문제점에 대해 헌법적 가치를 기반으로 해결하는 방안이 제시되기도 한다. 그러나 이는 개인 가치의 다양성을 인정하지 않고 새로운 가치를 수용하지 않게 되는 약점이 있다고 지적된다. 또 다른 방법으로, 다수결로 결정하는 것이 있는데 이는 결국 힘에 의한 지배가 되는 것이라고 지적된다. 또한, 협상을 통한 조정의 방법도 있는데 이는 거래가 될 가능성이 있다고 한다. 그리고 이는 결국 사적 이익을 바탕으로 하게 될 수 있다는 것이다(오현철·강대현, 2016; 구정화, 2020).

논쟁식 수업 현장에서 벌어진 갈등 상황과 이에 대한 해소

방법으로 헌법적 가치의 강조, 다수결, 협상 등이 여전히 한계가 있다고 했을 때 다음의 세 가지 방식의 대안적 모델이 제시될 수 있다.

첫째는 초월적 방식이다. 이 방식의 예를 들자면, 이웃집 개가 자신의 양을 물어 죽였을 때 이웃집을 고소함으로써 문제를 해결하는 것이 아니라 이웃에게 새끼 양을 선물하는 것이다. 그러면 이웃은 자신의 양을 보호하기 위해서라도 개를 묶어 둔다는 것이다. 요한 갈퉁(Johan Galtung)은 모든 갈등에는 다섯 가지 해결 방식이 있다고 한다. 1) 내가 이기고 너는 진다는 것, 2) 네가 이기고 나는 진다는 것, 3) 문제를 완전히 외면해 버리는 부정적인 방식의 초월, 4) 양쪽 다 조금씩 손해 보기로 하는 타협, 5) 문제를 뛰어넘는 해결책을 이끌어 내는 초월이 그것이다. 종래의 정치는 이 중 주로 타협을 통해 해결하려 했는데 이는 모든 당사자를 똑같이 불만스러운 상태로 남겨 놓는 것이다. 그러므로 두 당사자가 중간에서 절충하는 것이 아니라 가장 좋은 해법을 위해 두 힘을 결합시켜 함께 가게끔 만드는 것이 최선이다(립튼·베어맨, 2012). 클레어 그레이브스(Clare Graves), 켄 윌버(Ken Wilber) 등 전환을 강조한 이론가들은 실재의 다양한 수준들이 동시에 공존하는 세계의 질서를 인정하고 이것은 역동적 나선을 따라 위아래로 움직이는 패턴의 결과라고 본다

(윌버, 2015). 따라서 경쟁이 되는 상대의 약점을 잡아 끌어내리지 않고, 능력주의를 표방하는 자들을 구시대적이라고 무시하지 않으며, 현재 각각 자신들의 필요와 처지에 따라 다양한 입장이 표명되는 현실에 주목할 필요가 있다.

두 번째는 정동적 방식으로, 하버마스식의 이성적 토론의 실현에 대해 회의하는 아이리스 영(Iris Young)의 방식 등으로 대표된다. 영은 인사, 수사, 스토리텔링을 의사소통의 핵심으로 보고 진정한 의사소통은 본인의 상황 설명을 통해 서로 이해할 때만이 가능하다고 강조한다(이선미, 2006). 로저 피셔(Roger Fisher)에 의하면 "갈등의 돌파는 자신의 입장을 누그러뜨리고 상대방에 대한 관심을 진심으로 표출할 때 일어난다." 또한 "서로 의견이 엇갈리는 양쪽이 각자의 관심사를 분명히 밝히고 나면 그들은 갈등을 공동의 문제로서 다시 바라볼 수" 있게 된다. 그리하여 "서로가 상대방을 그 문제를 함께 해결해갈 작업의 동료로서 바라볼 수 있게 되는 것"이다(립튼·베어맨, 2012). 장원순은 인간들이 공통적으로 갖게 되는 느낌과 마음을 파악하는 활동을 강조한다. 한국사회에서 토론은 주로 타인의 의견을 반박하고 자신의 의견을 관철시키는 것으로 이해하는 경향이 있는데 이는 '조화와 공존을 모색하는 정치의 기본 의도에서 벗어나는 것'으로, "이질적인 사람들의 의견을 조합하여 조화를 창출하는 방안 모색 활동"이 권장된다(장원순, 2007). 정혜정도 마음과 민주주의의 관계를 강조한다. 파커 J. 파머(Parker J. Palmer)가 지적했듯이 마음은 인간적 능력의 통합적인 핵심이자 인간의 도덕적이고 지적인 상태 전체를 가리키는 것이므로 "마음은 민주주의를 파괴할 수도 있고, 온전하게 만들 수도 있다"는 것이다(정혜정, 2017). 장은주는 문제에 대해 단순히 주체로서의 각성에 초점을 두는 1980년대식의 '의식화' 같은 방식으로 접근해서는 안 된다고 강조한다. 중요한 것은 시민들이 서로에게 긍정적 자기 관계와 자존감을 누릴 수 있게 할 민주적 상호인정 관계의 경험 공간을 확대하는 것이라고 주장한다(장은주, 2017).

세 번째는 구성적 방식이다. 이 방식의 한 사례가 될 수 있는 '회복적 서클 대화'에서 제시하는 '인식-환대-연결-탐구-나아감'의 과정은(박성용, 2018) 대화 주체의 자율성과 대화 과정의 자연스러운 흐름을 강조한다. 화교 상인들의 다음의 세 가지 원칙도 구성적이다. 1) 일에 사람을 배치하지 않고 사람의 특징에 따라 일을 배치, 2) 시스템 의존도를 줄이고 인적 구성의 장점을 최대화, 3) 미리 설정된 목표를 중심으로 일을 추진하지 않고 진행되는 일 속에서 목표를 찾음이 그것이다. 다음과 같은 화백회의의 방식도 그런 점을 보여준다. 1) 모두가 자유롭게 자기 의사를 내놓는다. 2) 자기 의사를 내놓되 자기 의사를 고집하지 않는다. 3) 자신의 의견과 다른 의견이 나오면 그 주장을 받아들여 자신의 주장을 풍부히 한다. 4) 자신의 의견으로 공동체를 만들어간다. 5) 다른 이의 의견과 주장을 살려준다(이무열, 2019).

협력하고 연대하는 동료

동료란 협력하고 연대하는 존재다. 자본주의는 경쟁을 보편적인 것으로 보이게 만들었지만 사실상 자연과 사회에서 경쟁은 본래 예외적인 것이었다(김창진, 2015). 현재에도 우리 일상을 보면 대부분 호혜적인 활동이다. 아침에 일어나 밥을 지어 식구를 먹이고 청소를 한다. 이메일이나 문자를 통해 지인의 안부를 묻는다. 안 입는 옷을 재활용함에 넣는다. 친구를 만나 밥을 사고 결혼식에 가서 축의금을 낸다. 우리의 생활을 보면 사실상 경쟁을 하거나 이윤을 남기는 교환이 목적인 행위는 극히 일부이다. 회사에서 월급을 받기 위해 일한다고 하지만 동료와 함께 일하는 것이 즐겁다. 돈을 벌기 위해 식당을 운영한다고 하지만 음식이 맛있다는 손님의 말에 보람을 느낀다.

다들 '이 맛에 장사한다'고 말한다. 폴라니는 시장을 통한 교환은 보편적인 경제형태가 아니며 인류에게는 시장과 더불어 재분배와 호혜라는 경제 형태가 존재했다고 한다. 호아나 코닐(Joana Conill), 마누엘 카스텔(Manuel Castells) 등은 사람들이 자신이나 친구의 집과 자동차 수리, 먹거리를 기르거나 준비, 자원봉사 등에 상당한 시간을 쓰고 있음을 알아냈다(칼리스 외, 2021).

　　이득과 이윤 추구의 보편화는 자본주의의 작품이다. 폴라니에 따르면 자본주의 문명은 "인간 사회의 역사에서 옳다고 인정된 적도 없고, 일상생활의 모든 행위를 정당화하는 원리로까지 격상되었던 적은 더더욱 없었던 동기, 즉 이득과 이윤에 기초를 둔" 것이다. 이는 인간의 탐욕을 윤리적으로 정당화하고 제도적으로 부추기는 것이다. 이러한 자본주의 경제체제는 자연발생적으로 성장한 결과가 아니며 의식적인 설계를 통해 제도화한 것이다. 시장경제와 자본주의는 구별되며 비자본주의적 시장은 당연히 존재한다. 그런데 자본주의는 비자본주의적 시장의 존재에 대한 가능성 자체를 인식론적으로 차단한다(김창진, 2015).

　　인간의 기본적인 물질생활이 팽창하면 시장경제로 나아가는데 페르낭 브로델(Fernand Braudel)은 이러한 시장경제를 두 가지로 구분한다. 첫째는 일상적인 교환으로 이는 투명하고 예측 가능한 거래다. 읍내에 열리는 시장 등이 그것이다. 두 번째는 중개자가 개입하는 시장으로, 중개자는 물건을 사재기하는 등 물량을 조작해서 시장을 교란하고 지배하여 가격에 영향을 미친다. 이때 투명성과 예측 가능성이 사라진다. 이렇게 등장한 시장은 규모가 커지지만 그 성격 면에서는 공적인 면이 사라지고 오히려 사적 특성이 강해진다. 평등이 아닌 불평등 교환이 확대되며 이로써 자본주의화가 가속화된다. 브로델은 자본주의를 "자신에게 유리하게 교환 과정을 왜곡하며, 기존 질서를 교란하는 활동적인 사회적 위계"라고 규정한다(김창진, 2015).

김창진에 의하면 사회적 경제는 자본주의가 붕괴시킨 경제의 공적 성격을 되살리고자 하는 것이다. 사회적 경제는 근대 경제학이 경제에서 '사회'와 '정치'를 탈락시킨 것을 비판하고, 다시 "사회로부터 경제를 규정하는 접근 방법"을 택하는 것이다. 경제는 그 자체로 사회경제이며 사회로부터 분리되는 경제란 존재할 수 없다고 보는 것이다. 이는 사회적 규범성을 내장한 윤리경제 운동이라고 할 수 있다(김창진, 2015). 이와 마찬가지로 생태에서 분리된 경제에서 다시 생태로부터 경제를 규정하는 생태경제가 필요하다. 경제는 본래 생태의 일부이다. ecology와 economy는 모두 eco로 시작한다. 즉 경제는 삶의 일부, 생명의 일부로서, '신성한 것'이다. 동학도 주장했듯이 만물은 신성한 것이며, 타 생명을 살리는 만물이 교환되는 시장도 신성한 곳이다. 그런데 자본주의는 시장에서 신성함을 몰아냈다(주요섭, 2015).

자본주의는 협동도 몰아냈다. 리처드 세넷(Richard Sennett)은 현대 사회에서 협동을 방해하는 요인을 세 가지로 제시한다(김창진, 2015). 첫째는 경제적 불평등으로, 가진 자와 못 가진 자 간의 격차는 우월감과 적대감을 형성한다. 둘째는, 단기적·임시적 일자리이다. 이런 일자리의 작업장에서 같이 일하는 노동자는 동료로 여겨지지 않게 되어 개인간, 부서 간 정보는 공유되지 않는다. 셋째는 취향의 획일화이다. 획일적 문화의 확산은 차이에 대한 공포와 적대감을 증대시킨다. 그런데 대량생산과 대량소비를 유도하는 자본주의는 취향을 획일화시킨다.

그렇다면 이러한 사회에서 어떻게 다시 협력과 협동을 만들어낼 수 있을 것인가. 우선 로버트 액설로드(Robert Axelrod)는 협동에 이타주의가 필수적인 것이 아니며, 중요한 것은 '장기적인 상호작용'이라고 주장한다. 참여자에게 협동심을 키울 수 있는 가치관과 요령(배려와 호혜주의)를 가르치고 상대방이 협동을 하면 협동으로, 배반을 하면 배반으로 되갚으라고 조언한다. 즉 상벌체계를 분명히 하는 것이다. 또한 절대 자신이 먼저 배반하지 말라고 충고한다(김창진, 2015). 여기서 배반이란 '상대의 뒤통수를 치는 비열한 행위'라기보다는, 말 그대로 '등을 돌리는 행위' 즉 상대를 더 이상 바라보지 않는 행위를 뜻할 것이다. 이는 상대에게 오롯이 홀로 자신을 다시 성찰할 시간과 공간을 제공한다.

협력은 작은 무리에서 시작하여 기존 질서에 균열을 가져오면서 더 큰 범위로 확산된다고 한다. 그리고 "협력은 신사적이며 응징할 줄 알며 또는 어느 정도 용서할 줄 아는 전략과 함께 번성"할 수 있다. 또한 "협력은 집단에서 일단 자리를 잡고 나면 다른 전략들의 침범을 스스로 막아낼 수 있다." "협력의 전체적인 수준은 점차 올라가지 내려가지 않는다"는 것이다. 즉 "협력이 진화하는 톱니바퀴는 역회전을 방지하고 앞으로만 돌아가게 하는 미늘이 있다"는 것이다(김창진, 2015).

그러나 미래의 상호작용에 대한 기대가 깨졌을 때는 외부의 권위에 호소하게 된다. 법정 다툼이 그것이다. 이와 관련하여, 마틴 노왁(Martin Nowak)은 다음과 같은 조건에서 협력의 메커니즘이 잘 작동된다고 한다(김창진, 2015). 첫째, 상대가 다시 만나게 될 사람들일 경우이다. 즉 직접 상호성과 반복이 중요하다. 둘째, 좋은 평판을 가진 경우로서 이는 간접상호성을 의미한다. 셋째, 만남과 협력을 돕는 공간이다. 넷째, 소집단이 많을 때다. 마지막으로 혈연일 경우이다.

위의 설명은 협력에 이타주의나 사랑이 필수적인 것이 아님을 드러낸다. 크로포트킨은 "인간 사회의 근간이 되는 것은 사랑도 심지어 동정심도 아니다. 그것은 인간의 연대의식이다."고 말한다. 이는 인간을 포함하여 동물이 오랜 세월 무리를 지어 살아오면서 몸에 밴 사회적 본능으로, 그 본질은 서로 돌봄의 유용성과 그로 인한 기쁨을 나누는 것임을 보여준다. 크로포트킨에 의하면, "때로는 전혀 알지도 못하는 이웃에 불이 났을 때 물 양동이를 들고 그 집으로 뛰어가는 이유는 이웃에 대한 사랑 때문이 아니다." 그러한 행동은 "인간이 지니는 연대성과 사회성이라는 훨씬 폭넓은 감정과 본능에서 우러난 것"이라고 말한다(김창진, 2015).

톨스토이가 사랑을 말한다면 크로포트킨은 연대를 말한다. 전자가 공동체적이라면 후자는 시민적이다. 그러나 이러한 시민적 연대의 강조가 굳이 사랑에 대한 강한 부정이라기보다는, 의식적인 측면에 앞서는 본성적인 측면을 강조했다고 여겨진다. 크로포트킨 입장에서 굳이 구분해 보자면, 사랑은 의식과 마음을 강조한 것이고 연대는 몸과 본성을 강조한 것으로 여겨진다.

동물권과 에코크라시

크로포트킨은 동물도 연대성과 사회성을 가진다고 보았다. "한 무리의 반추동물이나 말들이 늑대의 공격에 맞서 둥근 원을 형성하는 것은 사랑이나 동정심 때문이 아니"라는 것이다. 그에 의하면 "새끼 고양이들이나 새끼 양들이 자기들끼리 어울려 놀고, 여러 종의 어린 새들이 모여서 가을날의 하루를 함께 보내게 만드는 것도 사랑의 힘이 아니다." 이러한 본능은 "장구한 진화 과정에서 동물이나 인간들 사이에서 서서히 발달해 오면서, 동물과 사람들에게 상호부조나 상호지원에서 얻어지는 힘을 가르쳐주었으며, 사회적 삶에서 찾을 수 있는 기쁨도 가르쳐주었다"(김창진, 2015).

동물이 인간에 못지않은 능력을 갖고 있다는 것은 여러 연구를 통해 드러난다. 유인원에서 까마귀에 이르기까지 몇몇 동물은 미래를 계획할 수 있고 자아와 시간을 인식한다는 사실이 알려졌다(싱어 외, 2014). 동물은 또한 정의감과 연대의식도 보여준다. 프란스 드 발(Frans De Waal)과 사라 브로스넌(Sarah Brosnan)이 흰머리카푸친 원숭이를 대상으로 한 실험은 이들도 사람처럼 공정의식을 갖고 있음을 드러냈다. 어떤 과제를 수행한 원숭이에게 오이를 주고 이어 같은 과제를 수행한 다른 원숭이에게 포도를 주자, 오이를 받은 원숭이는 본래 오이를 좋아했음에도 불구하고 보상이 동등하지 않은 것에 화를 내어 오이를 던져버린다. 심지어 침팬지를 대상으로 한 실험에서는, 좋은 보상을 받은 침팬지도 차별 행위에 화를 내고 자신의 먹이를 거부했다. 보노보는 한 걸음 더 나아가 차별의 시정을 요구했다. 한 보노보는 특별히 자신만 우유와 건포도라는 특혜를 받자 그 보상을 거부하며 그것을 받지 못한 다른 보노보들을 가리켰다. 그리고 그 보노보는 다른 보노보들이 보상의 일부를 받은 뒤에야 자신의 몫을 먹었다(박성진, 2019).

비인간 생물을 동료로 대하고 '등가'를 지향하는 생태시민성은 이와 같은 동물의 능력과 행동에 관심을 갖고 동물에 대해서도 사람과 마찬가지로 그 권리를 존중한다. 브라이언 터너(Bryan Turner)에 의하면, 시민성이란 계급과 자본주의에 대한 것뿐 아니라 여성, 어린이, 노인, 동물의 사회적 권리에 대한 논의를 포함한다. 환경운동은 인류의 이익을 위해 자연을 보호하는 것에서 나아가 자연 자체의 권리를 방어하는 것이다.

동물을 존중하는 역사는 오랜 기원을 가진다. 기원전 3세기에 인도의 아소카 왕은 채식을 했고 이상적으로 동물을 다루는 방법을 규정하는 여러 법령을 제정했다. 그가 권장한 불교는 살생을 금하고 모든 생명을 불쌍히 여긴다. 고대에 포르

피리오스와 같은 몇몇 피타고라스 학파 사람들은 윤리적 관점으로 동물을 바라보았다. 로마시대 플루타르코스는 인간이 동물에 가하는 악행을 문제삼고 육식의 잔인성을 비판했다. 에도 막부의 5대 쇼군인 도쿠가와 쓰나요시는 1687년 동물보호법령을 선포하고 동물의 살생을 법으로 제한했다. 개띠였던 그는 특히 개의 살생을 엄격히 금했으며, '병든 말을 버리지 말라'라는 규제를 시작으로 약 23년간 이 명령을 지속시켰다(싱어 외, 2014)

유교를 중시한 조선에서는 인간과 동물의 본성이 같은지 다른지에 대한 논쟁이 있었지만 대체로 인간과 금수는 다른 것으로 여겼다. 한편, 정조는 인간에게 해로운 벌레를 어떻게 처리해야 하는지에 대해 고민했다. 그에 의하면 경전과 역사서는 벌레를 모두 잡아서 불에 태우라고 했으나 그는 "마음에 여전히 스스로 편치 않은 점이 있었다"고 했다. 그러면서 "이 벌레들이 비록 벌이나 누에 같은 공로도 없고 모기나 등에의 해독보다 더 심하기는 해도, 또한 꿈틀거리며 움직이는 생물"로서 이들을 "마땅히 살리려는 덕이 그 사이에 병행되어야 한다고 말해야지, 해가 되니 그 물성에 따라야 한다고 말하지 말아야 한다"고 했다. 또한 화성 사도세자 원침 주변에 심은 뽕나무와 가래나무에 벌레들이 들끓자 이를 걱정하면서도 벌레들을 보호하는 대책을 마련한다. 그는, 해충이라 할지라도 "크고 작음이 각각 다름이 있으니 내몰아 습지에 놓아주는 것이 불태워 죽이는 것보다 나을 것"이라고 하면서 "여러 날을 깊이 궁리한 끝에 결단을 내려 법령을 만들었으니, 이후로는 벌레들을 모아서 구포 해구로 던지도록 하라"고 지시했다. 이는 『맹자』에 있는 익과 우의 금수와 사룡(蛇龍)의 처리 방식을 스스로 가늠해본 뒤, 사룡을 몰아 습지로 놓아보내준 우의 방식을 따라 벌레들을 모두 구포의 바닷가로 방생하도록 했던 것이다(박경남, 2016).

동학도 동식물, 풀벌레를 공경해야 한다고 가르쳤다. 최시형은 "어찌 반드시 사람만이 홀로 하늘님을 모셨다 이르리오. 천지만물이 다 하늘님을 모시지 않은 것이 없느니라. 저 새소리도 또한 시천주의 소리니라"고 했다(『해월신사법설』, 영부주문). 따라서 육축이라도 다 아끼고, 살생하지 말라고 했다(『해월신사법설』, 내수도문).

만물이 시천주 아님이 없으니 능히 이 이치를 알면 살생은 금치 아니해도 자연히 금해지리라. 제비의 알을 깨치지 아니한 뒤에라야 봉황이 와서 거동하고, 초목의 싹을 꺾지 아니한 뒤에라야 산림이 무성하리라. 손으로 꽃가지를 꺾으면 그 열매를 따지 못할 것이오, 폐물을 버리면 부자가 될 수 없느니라. 날짐승 삼천도 각각 그 종류가 있고 털벌레 삼천도 각각 그 목숨이 있으니, 물을 공경하면 덕이 만방에 미치리라(『해월신사법설』, 대인접물)

그러나 인간의 자비 특히 권력의 명령에만 기대는 동물보호는 한계가 있다. 이것이 생태권위주의가 아닌 생태민주주의가 요청되는 이유다. 도쿠가와 쓰나요시는 생명을 존중하는 자비의 정신에서 동물을 보호했으나 이후 사람보다 동물을 더 중히 여기면서 백성들의 반발에 부딪힌다. 당시 쌀을 못 먹는 농민이 부지기수였는데 여러 개의 개보호소를 두어 개 한 마리당 하루에 쌀 세 홉과 된장, 말린 멸치 등을 제공했다. 또한 제비를 죽이면 사형시키고 모기를 죽이면 유배를 보내는 등 동물보호법령은 백성을 탄압하는 법으로 전락하여 백성들의 원성이 높았다(싱어 외, 2014).

동물권은 종종 인권과 비교되어 언급된다. 아리스토텔레스에 의하면 노예는 이성적 추론 능력이 뒤떨어지고 동물과 비슷한 수준이어서 자유인과 동등하게 대우할 필요가 없다. 기독교 교리에 의하면 자유의지가 있는 인간은 원죄로 인해 고통을 받지만 동물은 아담의 후손이 아니어서 제외된다. 성경은 인간이 동물을 지배한다고 보고 천주교회는 동물에게 영혼이 없다고 했다. 토마스 아퀴나스는 동물의 고통은 별로 중요하지 않다고 주장했다. 데카르트는 동물이 사고하는 존재가 아니며 기계의 일종이라고 보았다. 그는 "동물은 고통을 느끼지 않는다! 고통받는 것처럼 보이지만, 사실은 고통을 느끼지 않는다. 왜냐면 동물에게는 의식이 없기 때문이다! 동물은 마치 매우 정교한 시계와 같다."고 했다(Steenbergen, 1994; 싱어 외, 2014).

1600년 이후 몽테뉴에 이르러 인간 중심주의에 의문이 가해진다. 흄은 동물에 대해 '온건한 처우'가 필요하다고 주장하고 이후 벤담이 이 주장을 이었다(싱어 외, 2014). 벤담 등 공리주의자들은 인간 행위의 근거가 자연법이 아니라 쾌락의 추구와 고통의 회피라고 보았는데 동물도 마찬가지라고 했다. 피터 싱어(Peter Singer)는 벤담을 따라, 타자와의 관계에 있어 고려해야 하는 것은, 고통과 쾌락을 느끼는 존재냐 아니냐 하는 것이라고 주장했다. 따라서 이런 철학에서는 인종, 생물종이 차별받지 않는다(Steenbergen, 1994). 벤담은 동물과 흑인 노예의 상황을 비교하면서 만약 피부색이 다르다는 이유로 다른 사람을 예속하는 것이 옳지 않다고 주장한다면 같은 원리로 인간과 해부학적으로 다르다는 이유로 동물을 함부로 다뤄도 된다는 생각을 버릴 날이 올 것이라고 주장했다. 아리스토텔레스가 노예를 동물과 비교하여 깎아내린 이래 이렇듯 동물과 노예는 종종 한배를 탔다. 노예제 폐지를 위해 노력했던 윌리엄 윌버포스(William Wilberforce)도 동물보호를 주장했고 동물보호단체를 설립하기도 했다. 이들은 공리주의자인 동시에 노예제도 폐지를 위한 연민운동(humane thinking)을 전개했다(싱어 외, 2014).

1960년대 후반과 1970년대 초반 젊은이들 사이에서 급진적 사상이 부상하면서 동물해방운동 시작에 영향을 끼쳤다. 당시 베트남 전쟁으로 충격을 받은 학생들은 흑인, 여성, 동성애자들의 해방을 주장했고 그러한 분위기가 동물해방운동을 활성화했다. 특히 많은 여성해방운동 지지자들이 동물해방운동도 지지했다. 동물해방운동의 성과로 채식주의자가 증가하고 공장식 축산 반대 표명이 늘어났으며 방목한 닭이 낳은 달걀 판매가 권장되었다. 또한 레블론, 에이본과 같은 미국 화장품 업계가 동물실험을 대체할 방법을 찾는 연구에 큰돈을 투자했다. 유럽연합은 닭의 공장식 사육을 금지하여 닭을 더 넓은 공간에서 기르게 했고 새끼 밴 돼지와 송아지도 좁은 칸에서 기르지 못하게 법으로 정했다(싱어 외, 2014).

1960년대 제인 구달(Jane Goodall)의 연구도 동물보호운동에 대중들이 관심을 갖게 된 계기가 되었다. 특히 내셔널 지오그래픽의 초창기 기사와 영상물이 일반 대중에게 동물의 현실을 알리는 데 크게 기여했다. 구달은 침팬지들이 도구를 사용한다는 사실을 발견해 그동안 인간만이 도구를 사용한다고 주장하던 학설을 뒤집어 세계를 놀라게 했다. 또한 영장류는 가족 간의 유대가 깊고 사회생활을 한다는 사실이 알려졌다. 이러한 발견과 동물보호운동의 부상은 유인원에게만이라도 기본권을 부여하자는 움직임을 일으켰다. 싱어는 파올라 카발리에리(Paola Cavalieri)와 함께 '대형 유인원 프로젝트'를 진행하여, '평등공동체' 내에 침팬지, 고릴라, 오랑우탄과 같은 대형 유인원이 포함되어야 한다고 주장했다. 평등공동체란 기본적인 도덕적 권리를 존중하고 그것을 어길 때 법으로 규제하는 공동체로서, 기본적인 도덕적 권리는 생명권, 자유권, 신체보전권이다. 대형 유인원들이 자아를 인식한다는 사실이 증명된 만큼, 그들도 기본적인 권리를 가져야 한다는 것이다. 이 운동은 단지 대형 유인원만을 돕자는 것이 아니라 근본 목표는 모든 동물을 돕자는 것이다. 그러기 위해 인간과 동물 사이의 거리를 좁히자는 것이다. 동물이 인간과 유사한 성질을 갖고 있다는 것을 인정하자는 것으로, 현재로서는 대형 유인원이 몇 가지 기본권을 갖추게 하는 법을 제정하는 것이 가장 짧은 시간에 가능한 일이라는 것이다(싱어 외, 2014).

현재 대형 유인원은 식용으로 사용되지 않으며 유럽에서는 실험에 이용하는 것도 거의 중단되었다. 뉴질랜드에서도 대형 유인원을 실험에 이용하지 못하게 하는 법이 제정되었고 영국에도 비슷한 규제가 있다. 미국에서는 연구에 이용한 유인원을 죽이지 못하게 했고 이들을 이용한 실험은 부득이한 경우에만 운영하며 실험이 끝나면 유인원들을 회복 센터로 보내 남은 삶을 편히 지내게 해주고 있다. 이 과정에서 소요되는 비용은 실험 주관자가 지급한다. 따라서 비용 부담이 커지므로 유인원을 실험 대상으로 삼는 일을 기피하게 하는 효과가 생겼다(싱어 외, 2014).

생태시민성은 '인간도 동물'이라는 생각에서 '동물도 인간'이라는 생각으로 나아가게 한다. 에두아르두 비베이루스 지 카스트루(Eduardo Viveiros de Castro)는 "왜 동물은 자신을 인간으로 보는가?"라고 질문한다. 그리고 그 이유로 인간이 자신들은 인간으로 보면서 동물은 그렇게 보지 않기 때문이라고 한다(이주연, 2022). 여성과 흑인이 자신들도 인간이라고 주장한 이유도 남성과 백인이 그렇게 보지 않았기 때문이다. 시민의 범주만 확장되어 온 것이 아니라 인간의 범주도 확장되어 왔다. 캣맘의 등장으로 고양이는 인간의 자녀가 되었다. 강아지는 인간 어린이와 같이 놀고 인간 부모를 자신의 부모로 여기며 그들의 사랑을 차지하기 위해 어린이를 질투하고 어린이와 경쟁한다. 반려동물은 이미 인간이 된 지 오래다.

그런 의미에서 인구가 줄고 있는 지방을 소멸되고 있다고 보는 관점은 수정되어야 한다. 국회나 지자체가 인구 수를 기준으로 대표자를 뽑는 원칙도 재고되어야 한다. 동물뿐 아니라 강의 권리도 인정하고 있는 현 추세에, 사람만을 지역의 거주자로 인정하는 것은 시대착오적이다. 원주민 몇 명만 사는 풍성한 밀림의 아마존을 '소멸한 지역'이라고 봐야 하는가. 그곳은 오히려 다양하고 풍부한 생명이 넘치는 지역이다. 그런 의미에서 이제는 데모크라시가 아닌 에코크라시로 나아가야 한다. 정치의 주체는 이제 인간뿐 아니라 모든 생명을 포함한 자연이 되어야 한다.

6장
—

참여자로서 생태시민

참여와 시민성

고대 그리스 페리클레스(Pericles)의 유명한 연설은 참여를 강조하고 민주주의를 찬양한 것이었다. 이는 상업, 무역에 기반한 고대 아테네 경제를 위해 팽창과 전쟁을 고무하기 위한 것이지만 동시에 '참여'가 시민성의 오랜 전통임을 보여주는 것이다. 이후 16세기와 17세기에 요하네스 알투지우스(Johannes Althusius)와 스피노자 등의 유럽 사상가들이 절대주의 국가의 옹호자인 홉스, 보댕에 맞서 싸우며 대안적인 정치 비전을 제시했다. 그 결과 유럽 최초의 헌장과 헌법 문서는 피통치자의 힘을 인정했다. 피지배 사회계급들은 군주들에게 압박을 가해 자유권과 면책을 인정하는 법들과 문서를 작성하게 만들었다(네그리·하트, 2020). 이것이 참여를 통한 시민적 승리라고 할 수 있다.

근대 시기 사적 이익에 대한 강조가 공익적 참여의 가치를 누르면서, 개인 욕구를 우선하는 자유주의와, 공적 생활에의 참여를 강조하는 공화주의로, 근대 서구의 이데올로기는 분화한다. 자유주의를 반박하는 또 하나의 이념으로 등장한 공동체주의 역시 참여를 중요한 가치로 여긴다. 다음은 참여를 강조하면서 루소를 인용하는 마이클 왈쩌(Michael Walzer)의 글이다.

> 여기서 나의 목적상 가장 중요한 점은, 개인들이 이 공동체에 동참해야 하며, 사회적·정치적 투쟁에 참여해야 한다는 점, 혹은 이 공동체를 포기하거나 이 투쟁으로부터 물러나서는 안 된다는 점을 내면의 소리를 통해 개인들이 듣게 된다는 점이다.
>
> 고전적 사례는 이민갈 수 있는 권리에 대한 루소의 해명이다. 루소에 따르면, 공화국이 위험에 처하지 않았다면, 시민들은 언제든지 떠날 수 있다. 반면 곤경에 처해 있을 경우, 시민들은 남아서 자신의 동료 시민들을 도와야만 한다.
>
> 이 주장은 또한 전적으로 설득력이 있다. 아마 나는 공화국이

한때 호황을 누린 덕분에, 혹은 동료 시민들의 활동으로부터, 혹은 공화국이 제공하는 교육을 통해, 시민이라는 훌륭한 명칭으로부터, 혹은 세계 내에서 안전한 거처를 가지고 있었다는 단순한 사실로부터 혜택을 받았을 것이다. 그리고 이제 내가 도망을 가서는 안 된다(왈쩌, 2001).

위 글은 일국적 애국주의를 전제하고 있다는 점에서 보수적 함의를 가진 것이지만, '나'라고 하는 개인이 시민이라는 자격으로 공동체의 일원이 되기까지 동료 시민과 공동체로부터 도움을 받았다는 것, 그리고 공동체에 동참해야 한다는 내면의 소리를 들어야 한다고 강조했다는 점이 주목된다.

참여하는 시민이 존재하는 한, 이제 군주는 더 이상 절대주의 국가의 최고수장이 아니라 정당 또는 다중이 된다. 안토니오 그람시(Antonio Gramsi)에 의하면 니콜로 마키아벨리(Nicolo Machiaveli)의 군주는 책략가로서 집단 의지를 일으키고 조직하기 위한 존재다. 흩어진 민중에게 영향을 끼칠 구체적 환상을 창출하는 군주는 현대에 와서 정당의 모습으로 등장한다(이나미, 2001). 그리고 오늘날에 군주는 더 이상 정당도 아니고 바로 '다중'이다. 네그리와 하트에 의하면 이제 새로운 군주는 개인도, 정당도 아닌 '다중'으로, 이들은 평소 분산되어 있지만 적당한 조건 하에서 응집한다. 그러나 이들은 응집하더라도 "하나로 수렴하는 것이 아니라 특이성들(즉 서로의 차이를 계속해서 표출하는 상이한 사회적 힘들)이 화음, 불협화음, 공통 리듬, 당김음을 드러"내며 하나의 군주를 이룬다(네그리·하트, 2020).

이들은 들뢰즈와 가타리가 말한 '무리'에 가깝다. 무리는 군중과 구분된다. '군중'은 안전하게 다수 속에 묻혀 있으며 되도록 권력 중앙에 가까이 가고자 한다. 이들은 가장자리에 있기를 꺼린다. 가장자리는 공격당하기 쉬운 위치다. 반면 '무리'는 "사냥하는 늑대"와 같이 자신이 "타자들과 함께 있을 때에도 혼자라는 점을 주목"한다. 그리고 이들은 늘 중앙에서 벗어나 가장자리에 자리잡는다(들뢰즈·가타리, 2001). 가장자리에 있으면 외부의 공격에는 취약하나 내부 전체를 지켜보기가 용이하다. 교실에서 모범생은 주로 교사 바로 앞 가운데 자리에, 삐딱한 학생은 가장자리나 뒤에 앉는다. 가장자리에 앉은 학생은 교사의 경계 대상이다. 이들은 중앙 권력에 관계없이 자신들의 영향력을 갖는 이들로서 허준의 호민처럼 권력의 입장에서는 매우 두려운 존재다(이나미, 2022a).

이는 동양의 화이부동(和而不同)을 연상시킨다. 화이부동은 『논어』의 「자로」에서 "군자는 다른 사람과 화합하되 뇌동하지는 않는다. 소인은 다른 사람과 뇌동하되 화합하지 못한다."는 구절에서 나온 말이다(안외순, 2018). 화이부동에 대해 하안(何晏)은 "군자는 조화로움을 마음에 두지만 개인의 관점이 각각 다르므로 부동(不同)이라고 한다"고 설명했고, 황간(皇侃)은 "화(和)는 다투지 않음을 마음에 두는 것"이고 "부동은 세운 뜻이 각기 다른 것"이라고 해석했다(정상봉, 2015). 군자는 모두가 조화로우면서도 각기 배움을 통해 세운 뜻이 같지 않다는 것이다. 이러하 화이부동의 의미를 정치 또는 사회관계와 관련하여 풀어보면, 개체성과 다양성의 강조, 비지배와 탈중심, 약육강식이 아닌 상호부조로 제시할 수 있다(이나미, 2021).

이러한 군자, 무리, 호민, 다중은 더 이상 중앙집중화된 리더십에 의존하지 않는다. "전략, 즉 멀리 내다보고 결정을 내리며 포괄적인 장기간의 정치적 기획을 실행할 수 있는 능력은 더 이상 지도자들이나 당 혹은 심지어 정치인들의 책임"이 아니다. 그것은 다중에게 위임되어야 한다고 네그리와 하트는 말한다. 전통적으로 리더로 여겨졌던 이들의 역할은 이제 전술 영역으로 내려가야 한다. 간혹 재빠른 판단과 행동이 필요할 때 한시적으로 특정한 전문가가 활용될 수 있는데 그런 경우에도 이들은 "항상 다중의 전략적 결정에 엄격하게 종속되게 해야 한다." 정부도 마찬가지로 항상 다중에 수중에서 통제되어야 한다(네그리·하트, 2020).

자연에 참여하는 생태시민

즈베이르스의 인간-자연관계 유형 중 '자연과의 완전한 합일' 바로 전 단계가 참여자 모델이다. 이 모델에서 인간은 자연의 일부가 되는 것으로, 인간이란 존재로서 자연에 소속되는 것이다. 인간을 포함하여 자연에 참여하는 각 생물들이 가진 고유한 가치가 핵심적 역할을 한다. 앞서 동료 모델에서 등가성이 중요하다면 이 참여자 모델에서는 각 존재의 고유성과 차이가 중요하다. 인간은 자연에 속하기 위해 자신의 고유한 인간성을 잃을 필요가 없다. 인간은 자신이 가진 특별한 능력과 가치를 갖고 자연에 참여하게 된다. 또한 이 참여자 모델은 영성적 내용도 포함한다(Van Den Born, 2017).

여기서 '참여'한다는 것은 '일부가 되는 것'이며 '적극적'이고 '책임지는 것'이다. 즈베이르스는 연극의 비유를 들어 참여는 인간이 하나의 역할을 함으로써 적극적으로 동참하는 것이라고 설명한다. 인간은 외부자(outsider)이거나 관람자(spectator)가 아니며 또한 연극을 지배하지도 않는다. 인간은 '합리성과 자의식을 부여받은 존재'라는 자신의 인간으로서의 특성을 갖고 연극에서 의미 있고 창조적이고 중요한 역할을 수행할 수 있다. 즉 인간은 비인간 생물과 구별되는 존재로서 자연에 대한 자신의 태도를 선택할 수 있다(Steenbergen, 1994).

당연히 다른 비인간 생물도 자신의 고유한 개성을 갖고 참여한다. 이 연극에서는 주연, 조연이 따로 없고 각본도 미리 주어지지 않는다. 네그리와 하트가 말하는 다중(multitude)처럼 모든 생물은 각자의 특이성들을 드러내면서 줄거리를 이어간다. 인간 사회에 다중이 있다면 자연에는 '다종(multispecies)'이 있다. 우리의 언어로 표현하자면 다중은 만민이요, 다종은 만물일 것이다. 동학에 의하면 만물은 공경의 대상이다. 도나 해러웨이(Donnah Haraway)에 의하면 자연현상을 "관찰하면 할수록, 땅 위에서 살고 죽기의 게임은 공생이라는 이름으로 통칭되는 '뒤얽힌 다종(multispecies) 관계'"이다. 다종의 공생에는 협력과 공존뿐 아니라 충돌과 죽음도 있다(Haraway, 2016; 이승준, 2022b).

집사로서의 생태시민성이 돌봄을, 동료로서의 생태시민성이 협력을 강조했다면, 참여자로서의 생태시민은 해러웨이의 말처럼 서로 경쟁하고 갈등할 수도 있다. 경쟁과 갈등은 스트레스를 낳고 이것이 지속되면 유전자는 이를 극복하기 위해 돌연변이를 만들어내기도 한다. 그 결과 다양성이 확대되며 생존 능력은 더 커진다. 개체의 어떤 특성이 적응력을 더 키우는지 미리 알 수 없기 때문에 다양성은 생존의 중요한 요소가 된다. 또한 이는 풍부한 서사를 만들어낸다. 대개 흥미로운 이야기에는 긴장, 갈등, 반전이 존재하기 마련이다. 우주의 뮤지컬에 참여하는 모든 생물은 화음뿐 아니라 불협화음도 내면서 풍성하고 다채로운 줄거리를 만들어간다.

그러나 이것은 인간이 행하는 대량학살이나 범죄적 행위 등 잔인무도한 비윤리적 행위를 정당화하지 않는다. 그것은 인간의 고유한 특성이 아니라 특정의 인간 사회 특히 자본주의 또는 군국주의가 낳은 괴물이다. 그렇다면 자연이라는 연극무대에서 인간이란 참여자는 다른 참여자와 어떤 관계를 맺어야 하는가. 칸트는 인간의 능력을 자연 즉 본능에서 벗어나는 것으로 파악하여 인간을 동물과 다르게 본다. 또한 그는 인간을 목적으로 대해야 한다고 하면서 동물은 수단에 머무는 것으로 파악한다. 그럼에도 불구하고 싱어와 같은 종평등주의자와 일치하는 주장을 펴기도 한다. 그것은 피임과 임신중지에 대한 것이다. 칸트에 의하면 인간은 다른 동물과 달리 번식 본능이 성충동과 구별되므로 피임, 임신중지를 통해 종의 재생산을 거부하는 힘을 가진 존재이며 이것이 인간을 본능의 굴레에서 해방시킨다는 것이다. '거부'는 능숙한 인위적 산물로서 인간을 감각에서 이상으로, 욕망에서 사랑으로 인도한다고 한다. 샹탈 자케(Chantal Jaquet)는 이러한 칸트에 대해 인간은 종보존 본능을 사랑으로 변형시키는 존재로서 모성은 운명이 아니라 자유의 표현으로 본 것이라고 설명한다. 임신과 출산은 필수적, 보편적 현상이 아니며 남자가 남자로 되기 위해 반드시 아버지가 될 필요가 없듯이, 여자는 여자가 되기 위해 반드시 어머니가 될 필요가 없다는 것으로 해석한다(자케, 2021).

그런데 칸트의 이러한 종차별주의와 인간우월주의조차 다른 생물에 대한 인간의 학대를 용납할 수 없게 하는 논리가 될 수 있다. 이러한 인간의 특성과 역할을 본다면 인간은 인간답게 본능을 벗어나 우월한 지위를 갖고 동물을 보호하고 사랑하는 능력을 가졌다고 해석할 수 있기 때문이다. 즉 칸트의 종차별적 입장에서라도 종차별은 반대되어야 하는 역설이 생긴다. 즉 '인간이나 되어가지고' 동물을 차별하고 학대하는 것은 인간성에 맞지 않는 것이다.

칸트와 달리 공리주의자는 인간과 동물의 차이를 두지 않는 종평등주의적 입장을 가진다. 모든 존재의 행위의 근거를 오로지 쾌락의 추구와 고통의 회피로 보는 공리주의는 인간과 동물 사이에 근본적 차이를 둘 수 없기 때문이다. 그러나 공리주의를 반대하는 종평등주의가 있다. 즉 비인간 생물의 고유함을 인정하는 종평등주의이다. 공리주의적 생태주의가 등가성을 강조하는 동료로서의 생태시민성을 주장한다면, 동물의 고유함을 인정하는 종평등주의는 참여자로서의 생태시민성이라고 할 수 있겠다. 대표적인 인물로 톰 리건(Tom Regan)이 있다. 그는 동물이 권리를 가졌다고 주장하지만 그 근거로 싱어처럼 공리주의를 들지 않는다. 그에 의하면 공리주의자들은 생물의 존재를, 그 자체의 고유한 가치를 갖지 않은, 경험들의 단순한 용기(receptacle)로만 본다. 반면 리건은 생물 개체의 고유한 가치와 고유한 도덕적 권리를 주장한다. 그는 동물도 인간처럼 어떤 기본적인 도덕적 권리를 갖는다고 봤다. 특히 자신의 고유한 가치를 가진 존재로서의 근본적인 권리를 가진다는 것이다. 또한 동물의 권리는 엄격한 정의의 문제로 다루어져야 한다고 주장한다(Steenbergen, 1994). 그는 인간이 아닌 동물도 인간처럼 '삶의 주체'로서, 우리가 모든 인간에게 그들의 이성 능력과 상관없이 존엄성을 부여하고 싶다면 인간이 아닌 존재에게도 그렇게 해야 한다고 주장한다(싱어 외, 2014).

동학사상에서 사람은 하늘과 만물을 공경하는 존재이지만 또한 그들과 동등하며 동시에 차이나는 존재다. 서양의 고전적 전통에서의 인간과의 결정적 차이는, 서양에서 인간은 신의 아래에 위치하고 있으나 동학에서 인간은 하늘과 동등하다는 것이다. 물론 하늘을 부모처럼 공경해야 하지만 그와 동시에 인간 자신 역시 하늘처럼 고귀하고도 능동적인 존재이다. 최시형은 '사람이 바로 하늘이요 하늘이 바로 사람'이며, "사람이 바로 하늘이니 사람 섬기기를 하늘같이 하라"고 했다(『해월신사법설』, "대인접물"). 또한 동학에서의 하늘은 서양에서의 하느님처럼 전지전능한 것이 아니라 인간의 도움을 필요로 하고 인간의 도움을 통해서만이 선을 이룰 수 있는 존재이다(조성환, 2018). '천의인(天依人)'이라 하여, 하늘은 인간에 의지하여 현기조화를 이루고, '인의식(人依食)'이라 하여, 인간은 음식에 의지하여 자업생성을 이룬다. 따라서 하늘과 인간이 서로 돕는 천인상여(天人相與) 개념이 등장하는 것이다. 천인상여는 본래 동중서의 개념으로 다소 신비적인 의미를 가진 것이었으나 동학에 와서는 믿음인 동시에 실천적 개념이 되었다.

서구의 종교철학이나 기독교는 신의 전지전능함을 상정함으로써 신이 만든 인간과 세상의 불완전성을 설명하지 못하고 인간의 비주체성에 직면해야 하는 딜레마에 빠지는데 동학은 하늘이 불완전하고 인간에 의지해서만이 자신을 드러낼 수 있다고 하여 그 딜레마를 해결하고 인간에게 주체적 역할을 부여한다. 장일순 역시 최시형의 사상을 천인상여로 설명하고 더 나아가 밥알 하나, 티끌 하나에도 우주의 생명이 있다고 하여, '만물이 하늘을 모시고 있다'고 한 최시형의 말을 적극적으로 해석한다(조성환, 2018). 그는 최시형이 하늘, 인간뿐 아니라 만물까지도 존경하라는 경물 사상을 주장한, 전근대 시대에 탈근대 사상을 전파한 인물임을 다시 확인시켜 주었다(이나미, 2019).

먹고 먹힌다는 것

인간과 모든 생물은 하늘인데 그렇다면 이들 간의 먹고 먹힘을 어떻게 봐야 하는가. 인간은 무엇을 먹을 수 있고 어떻게 먹어야 하는가. 동학은 이에 대해 참으로 명쾌한 답을 내린다.

내 항상 말할 때에 물(物)마다 한울이요, 일마다 한울이라 했나니, 만약 이 이치를 시인한다면 물물이 다 이천식천(以天食天) 아님이 없을지니, 이천식천은 어찌 생각하면 이에 상합치 않음과 같으나, 그러나 이것은 인심의 편견으로 보는 말이요, 만일 한울 전체로 본다 하면 한울이 한울 전체를 키우기 위하여 동질이 된 자는 상호부조로써 서로 기화를 이루게 하고, 이질이 된 자는 이천식천으로써 서로 기화를 통하게 하는 것이니, 그러므로 한울은 일면에서 동질적 기화로 종속(種屬)을 양(養)케 하고 일면에서 이질적 기화로써 종속과 종속이 연대적 성장발전을 도모하는 것이니, 합하여 말하면 이천식천은 곧 한울의 기화작용으로 볼 수 있는데, 대신사께서 시(侍)자를

해의(解義)할 때에 내유신령이라 함은 한울을 이름이요, 외유
기화라 함은 이천식천을 말한 것이니 지묘한 천지의 묘법이
도무지 기화에 있느니라(『해월신사법설』, 이천식천).

린 마굴리스(Lynn Margulis)의 이론을 참조하면, 미생물간 먹
고 먹힘은 약육강식의 원리가 아니라 서로간의 정보를 하나로
통합하여 더 복잡한 송으로 나아가려는 것이다(마굴리스, 1999).
위 글에서 "한울 전체로 본다 하면 한울이 한울 전체를 키우기
위하여 동질이 된 자는 상호부조로써 서로 기화를 이루게 하
고, 이질이 된 자는 이천식천으로써 서로 기화를 통하게 하는
것"과 일맥상통한다. 즉 생물이 약육강식의 논리로 서로 간에
먹고 먹히는 것이 아니라, 서로 합하여 기운을 통하게 하기 위
함이라는 것이다. 또한 먹는 존재와 마찬가지로 먹히는 존재도
하늘처럼 귀한 존재이다.

흔히 동물보호와 관련하여, '왜 소, 돼지는 먹고 개, 고양이
는 보호하는가'라는 주장이 있다. 이때 이천식천의 동질·이질
관계를 적용하면 인간과 다른 동물일수록 서로 먹고 먹히는
관계가 되고, 같을수록 상호부조하는 관계가 되는데, 개, 고양
이는 인간의 역사 속에서 인간과 매우 가까워진 존재가 되었
기 때문에 상호부조하는 관계로 발전했다고 볼 수 있다. 또한

이질적 존재끼리 서로 먹고 먹히는 것은 상호간 연대적 성장 발전으로 보는데 이는 마굴리스의 주장과 유사하다.

인간에게 있어 네발 동물 즉 포유류보다는 조류 등이 더 이질적이며 동물보다는 식물이 더 이질적이다. 최제우는 '도를 믿는 집안에서는 네발짐승의 나쁜 고기를 먹지 않는다'(『동경대전』, 수덕문)고 했는데 이는 최시형의 이천식천 사상의 전조로 여겨진다. 점차 동질화되어 가는 존재는 서로 먹기보다 상호부조의 관계로 되는 것이 자연스럽고 인간의 감성에도 맞다. 더구나 마굴리스에 의하면 동종끼리의 먹음은 서로 도움이 되지 않는다. 이질적 존재라야 유전적 다양성, 복잡성이 증가한다. 동질적 존재의 상호 먹음은 때로는 광우병과 같은 재앙이 되기도 한다. 광우병의 한 원인은, 소에게 소의 부산물로 만든 사료를 먹였기 때문이라고 알려져 있다.

마굴리스에 의하면 결국 인간과 같은 복잡한 존재의 탄생은 인간 이전 서로 다른 종들 간의 먹고 먹힘의 결과이다. 먹고 먹히면서 그 각각의 존재의 개성이 사라지는 것이 아니라 그대로 유지한다. 동물의 '눈'은 본래 빛에 반응하는 독자적인 어떤 생물체였는데 다른 생물체와 결합하면서 서로 간에 도움이 되었다. '연대'란 자신의 고유함을 잃지 않으면서 다른 이들과 단결하는 것인데 최시형은 바로 이 연대란 용어로 '먹고 먹힘'

을 설명했다는 점이 매우 놀랍다. 사람은 무엇을 먹든 그 먹은 것의 성질이 몸에서 사라지는 것이 아니라고 했다. 그래서 특히 임신부는 음식을 조심해서 먹으라고 했다. 마굴리스에 의하면 "처음에 과학자들은 사람의 혈액에서, 그리고 완두콩과 대두, 알팔파 등의 콩과 식물 뿌리에서 붉은 단백질 색소인 헤모글로빈을 발견했을 때 무척이나 놀라워했다." 그에 의하면 "바다의 무기물은 이세 보호나 지지를 위한 외피나 껍질, 뼈의 형태로 살아 있는 생물체에 통합되었다." 인간의 골격은 "원래 우리의 먼 조상격인 해양 원생생물 세포에게는 해로운 물질이었던 인산칼슘으로 만들어"졌으며 그러한 "무기물을 사용함으로써 조직을 깨끗이 유지하는 방법을 발견"했다.

> 사람은 태어나는 것으로만 사람이 되지 못하고 오곡백과의 영양을 받아서 사는 것이니라. 오곡은 천지의 젖이니 사람이 이 천지의 젖을 먹고 영력을 발휘케 하는 것이라. 그러므로 한울은 사람에 의지하고 사람은 먹는 데 의지하니, 이 한울로써 한울을 먹는 원리에 따라 사는 우리 사람은 심고로써 천지 만물의 서로 화합하고 통함을 얻는 것이 어찌 옳지 아니하랴 (『해월신사법설』, 기타).

즉 최시형에 따르면 사람이 사람됨은 오로지 천지가 주는 음식에 의한 것으로, 천지가 주는 식량도 한울인 것이다. 유교, 기독교에서는 사람이 만물의 영장이라고 하는데, 동학이 이와 다른 점은, 사람이 자연의 주인이 된 이유는 사람이 본래 뛰어나서가 아니라 천지가 주는 생명을 먹기 때문이라는 것이다(황종원, 2012).

또한 인간도 궁극적으로는 자연의 먹이가 된다. 장일순은, 특히 예수가 자신을 빵이라 한 것, 자신의 살을 먹으라고 한 것을 상기시킨다. 예수가 구유에 태어난 것은 심지어 그가 짐승의 먹이로도 왔다는 것을 의미한다는 것이다. 인간만이 구원의 대상이 아니라 우주 전체를 위해 그가 왔다는 것이다. 즉 "일체의 것들의 진정한 자유와 평화를 위해서 오신 것"이라고 했다(장일순, 2016).

따라서 먹는 행위, 먹고 싶은 마음, 맛있게 먹는 것 모두 하늘이 감응했기 때문으로(해월신사법설, 향아설위) 먹는 행위는 신성한 것이다. 최시형은 "하늘은 사람에 의지하고 사람은 먹는데 의지하니 만사를 안다는 것은 밥 한 그릇 먹는 데 있다"고 했다(해월신사법설, 천지부모; 황종원, 2012). 마굴리스에 의하면 먹는 것은 진화 과정 그 자체이다.

그렇다면 인간과 자연은 어떻게 결합되어야 하는가. 제임스 러브록(James Lovelock)은 지구 자체가 하나의 살아 있는 존재로서 생태계의 진화 과정을 이용하여 자신의 매우 복잡한 대사기능을 조절한다는 가이아론을 주장했다. 티모시 랜턴(Timothy Ranton)은 38억 년 전에 지구상에 생명이 출현한 이래 태양이 25퍼센트나 더 뜨거워졌는데도 지구는 그토록 엄청난 온도 차이를 완충시키면서 기후를 조절해 올 수 있었다고 했다. 랜턴은 전체 계에게 이로운 진화적 형질은 강화되는 경향이 있는 반면 환경을 바람직하지 않게 변동시키거나 불안정하게 만드는 형질은 억제되는 경향이 있다고 주장한다. 그는 "한 유기체가 가이아에 반하는 방식으로 행동하게 만드는 형질을 획득하면 그것은 진화에 불리하게 작용하여 퍼뜨려지지 못할 것이다."라고 결론지었다. 그리하여 인류가 지구와 더 조화롭게 사는 쪽으로 진화해 갈 길을 찾지 못한다면 인간은 발붙일 곳을 잃게 될지도 모른다고 경고했다(립튼·베어맨, 2012).

조화와 통합의 생태시민

참여자로서의 생태시민은, 인류가 살아남으려면 비인간 생물 및 자연과 조화롭게 공존해야 한다는 것을 자각한다. 그런데 남보다 앞서고자 하는 경쟁심리가 인간의 본질이라고 자본주의는 가르친다. 그로 인해 노동착취와 소비확대가 용이해졌고 사람들은 일에 시달리며 힘겹게 번 돈으로 앞다투어 과시적 소비를 함으로써 인정을 받으려고 한다. 오늘날 현대인들의 인정욕구는 남의 부러움과 시기를 받는 것으로 충족하려고 한다. 생태시민성은 다른 방식의 욕구 충족을 제안한다. 인간에게 만일 전쟁 욕구가 내재되어 있다면 그것을 스포츠로 해소하도록 유도할 수 있듯이, 인정과 과시 욕구를 경쟁적 노동과 소비가 아닌, 함께 즐길 수 있는 놀이로 충족시킬 수 있다.

또한 참여자로서의 생태시민성은 각 민족의 독특함을 찾아내어 전 인류에게 기여하게 하는 방식을 제안한다. 남미의 부엔비비르, 인도의 스와라지, 남아프리카의 우분투 등의 오래된 또는 새롭게 부상하는 전통들에 주목한다. 우리에게는 동학의 경물사상이 생태적 지혜다. 자본주의, 성장주의 이전의 옛 지혜는 생태적 지혜일 가능성이 크다. "당대적 혁신과 전승된 옛 지혜와의 교류"는 부탄의 국민총행복에서 입증된다. 국민총행복은 GDP가 아닌, "의미의 충족, 불교의 영적 가치들과의 조화라는 목표를 성취함"이다(칼리스 외, 2021). 생태적 영성은 자신의 실존과 대면하는 것, '자신됨'을 회복하는 것, 우주와 연결된 자신을 발견하는 것이다. 또한 영성은 자본주의, 성장주의, 소비주의를 극복할 수 있는 큰 힘이다. 과거에 많은 사상가들이 건전한 사회를 위해 시민종교의 필요성을 주장했듯이 이제는 조화로운 사회와 지속가능한 자연을 위해 '생태시민적 영성'을 생각해볼 때이다. 그리고 마침 그러한 움직임이 세계 곳곳에서 나타나고 있다.

영성의 강조가 반드시 과학과 기술의 배척을 의미하는 것은 아니다. 비인간 생물과 다른, 인간의 참여 방식은 기술을 사용할 수 있다는 점이다. 탈성장옹호론자들은 자신들이 반드시 기술발전을 거부하고 과거 시대로 가자는 것이 아니라고 강조한다. 오히려 생태적 실천들이 기술혁신 덕분에 강화될 수 있다고 본다. 중남미 생태농업을 하는 소농들은 전통 농법과 최첨단 과학지식을 융합하고 있다. 뉴질랜드의 시간은행 운영자들은 컴퓨터 프로그램을 이용하여 현물출자를 기록하고 계산한다. 바실리스 코스타키스(Vasilis Kostakis)는 로컬 제품과 글로벌 디자인, 유통의 교차지대에서 실행되는 사업들을 이야기한다. "이 모두는 위계질서와 착취를 최소화하려는 탈중앙집중적이고 소규모적이며, 지역에서 통제하는 생산방식을 고집하는 유서 깊은 조직들을 최신 과학·공학 혁신과 융합하는 사례들이다"(칼리스 외, 2021).

참여자로서의 생태시민은 자신과 다른 생각, 다른 이념을 가진 사람을 증오하거나 배척하지 않는다. 그레이브스, 켄 윌버 등 전환을 강조한 이론가들의 주장을 참고하면, 현재 우리 사회는 오렌지(능력주의 등)와 녹색(공동체주의 등)의 두 단계가 섞여 있는 듯하다. 오렌지 단계는 성취 지향적, 물질적 이익, 과학, 시장, 승자 위주의 사회를 의미하고, 녹색 단계는 수평적 유대, 네트워킹, 생태주의, 공동체주의, 평등주의 등에 해당된다. 녹색 단계의 이념을 내면화한 이들은 연대를 강조하지만 자신의 단계보다 하위 단계에 속한다고 여겨지는 가치관을 가진 이들을 매몰차게 공격한다는 점에서 배타적이다. 그레이브스는 녹색 다음의 단계로 노란색(통합)의 단계를 제시한다. 이 단계는 다른 단계들을 모두 포함하면서 초월한다.

삶은 자연적 계층구조 홀라키와 체계, 형태로 이루어진 만화경이다. 융통성, 자발성, 기능성이 가장 우선시된다. 차이와 다원성은 상호의존적인 자연스러운 흐름으로 통합될 수 있다. 평등주의는 필요하다면 타고난 능력의 정도에 따라 보완되어야 한다. 지식과 능력이 계급, 권력, 지위나 집단을 대신해야 한다. 현재 만연한 세계의 질서는 실재의 다양한 수준이 존재하는 결과이며 역동적 나선을 따라 위아래로 움직이는 필연적인 패턴의 결과다. 바람직한 지배구조는 증가되는 복잡성의 수준을 통해 실체가 출현하는 것을 촉진한다(윌버, 2015).

조화와 통합의 과정은 그 자체가 예술이 되어야 한다. 베이트슨은, 계층구조들의 작용을, 트레일러가 부착된 트럭을 후진시키는 작업과 비교할 수 있다고 봤다. 트럭과 트레일러의 각도가 좁을수록 트럭이 제어할 수 있는 정도는 감소한다. 세계는 이런 종류의 관계를 가진 존재의 복잡한 네트워크이다. 대다수 존재들은 자신의 고유한 에너지원을 가지고 있으면서 어디로 가겠다는 생각까지 갖고 있다. 이와 같은 세계에서 제어의 문제는 과학보다는 예술에 가깝다고 한다. 예술처럼 난해하고 복잡하며, 그 결과는 추하거나 아름다울 수 있기 때문이다. 그에 의하면 사회과학자들은 불완전하게 이해하고 있는 세계를 제어하려는 성급한 욕망을 억누르는 것이 현명하다. 또한 고대의 동기, 즉 세계에 대한 호기심에 의해 영감을 얻을 수 있다고 보았다. 그리고 연구에 대한 보상은 힘이 아니라 아름다움이라고 결론짓는다(베이트슨, 2006).

나오는 글

　자연에 대한 집사, 동료, 참여자로서의 태도는 서로 충돌하거나 갈등하지 않는다. 또한 서로 뚜렷이 구분되는 것도 아니다. 이 태도들은 우리가 타인과 자연에 좀 더 섬세하게 반응할 때 자연스럽게 나타나는 모습들이다. 내가 어떤 태도를 취할 것인가 하는 것은 내가 정한다기보다 나와 연결된 상대, 내가 속한 공간이 정하게 된다. 결국 '배치'가 결정하는 것이다. 가정에서는 집사가, 일터에서는 동료가, 놀이터에서는 참여자가 요구된다. 그리고 가족이 있는 가정, 동료가 있는 일터, 친구가 있는 놀이터는, 우리가 "더 큰 부와 권력을 끝없이 갈망하는 대신"에, 더 큰 기쁨과 만족을 주는 곳이다(칼리스 외, 2021).

　이 세 가지 태도는 인간과 동물의 관계를 설명하는 데에도 유용하다. 예를 들면 동물권 주장에 냉소적인 누군가가, 어떤 개는 가정집에서 사랑을 듬뿍 받고 편히 지내는 한편, 어떤 개는 실종자를 수색하느라 고생할 수 있느냐고 물을 수 있다. 이들은 동물애호가의 편파성과 비일관성을 종종 비판한다. 그러나 인간과 동물의 관계 역시, 자연이 요구하는, 인간의 서로 다른 태도로 설명할 수 있다. 집사로서의 태도가 요구되는 이유는, 어떤 좋은 인간이 집사로서 돌봐 주어야만 살 수 있기 때문이다. 많은 반려견이 이미 사람과 같이 오래 살아오면서 사람의 돌봄을 필요로 하게 진화되었다. 마을에 있는 나무들은 만일 마을에 사람들이 사라지면 더 무성해지는 것이 아니라 오히려 시들고 말라간다.

동료로서의 태도가 필요한 동물을 들자면, 맹인을 인도하거나 가축을 몰거나 마약을 찾는 개들을 들 수 있다. 이들은 인간의 당당한 동료로서 인간을 기꺼이 돕는다. 인간의 의무는 이들 '비인간 동료'를 존중하고 이들에게 고통을 주지 않아야 하는 것이다. 이러한 동물의 말년은 인간과 마찬가지로 편안하고 존엄해야 한다. 평생 경마장을 달리던 말이 늙고 힘이 없어지면 고기로 쓰인다는 것은 경악스러운 일이다. 영화 「워낭소리」에서 할아버지가 40년 동료인 소 '누렁이'를 차마 팔지 못하고 누렁이가 죽자 그가 평생 일하던 땅에 묻어 주는 마음은 당연하고 자연스러운 것이다. 모든 것을 내어 주는 가축은 인간의 헌신적인 동료다. 이에 보답하려는 인간은 되도록 채식을 하고 또한 가축을 평생 고통에 빠뜨리는 공장형 축산업을 당장 폐지해야 한다.

참여자로서의 태도로 대해야 하는 동물은 야생동물이다. 이들을 가까이 두거나 동물원에 가두거나 이들의 서식지를 침해해서는 안 된다. 이들은 인간과 거리를 두고 자신만의 고유성과 자유를 유지해야 한다. 과거에 한반도에서 호랑이가 자주 출몰하여 인간이 '호환'을 당하기도 했음에도 우리 조상은 호랑이를 박멸하지 않았다. 이들 육식동물은 초식동물이 숲과 초원을 완전히 황폐화하는 것을 막는다. 나무와 풀이 사라진 지역에 늑대 몇 마리를 풀어 놓자 다시 숲이 생겨났다는 이야기는 유명하다. 이들은 자신들의 방식으로 커먼즈를 관리하고 유지한다. 인간은 이들의 커먼즈를 침해해서는 안 되고, 또한 보호하며 넓혀야 한다. 현재 지구상의 포유류를 무게로 재었을 때 인간이 30퍼센트, 가축이 67퍼센트, 야생동물이 3퍼센트라고 한다(조효제, 2020). 코로나와 같은 지구적 감염병은 야생동물의 커먼즈를 침해하고 축소한 결과다(홍승진, 2020). 또한 인구의 축소는 온실가스 절감에 가장 효과적이다. "아이 하나 덜 낳기"의 절감 효과는, 2위를 차지한 "차 없이 생활하기"의 20배이며, "재활용하기"의 100배에 달한다(Wynes · Nicholas, 2017; 윤상혁, 2023).

그렇다면 생태시민성은 어떤 정책을 요구해야 하는가. 생태시민은, 집사로서는 기본돌봄소득제도를, 동료로서는 시민의회, 협동조합, 공동체 경제를, 참여자로서는 노동과 소비를 줄이면서 삶을 즐길 방식을 요청할 수 있다. 또한 생태시민은 녹색산업, 공공투자, 일자리 공유, 보편적 공공서비스, 공공금융제도, 공동체 경제에 대한 지원을 요구해야 한다. 자산, 고소득, 천연자원 사용에 대한 과세, 탄소부담금과 탄소세 부과도 요청된다. 특히 팬데믹과 같은 위기 사태에서 국가는 법인기업과 은행의 구제가 아니라 사람들과 공동체들이 자신의 삶과 살림살이를 재건하도록 도울 기본돌봄소득을 위해 공적 자금을 써야 한다(박길수, 2020). 또한 화석연료 기업, 항공사, 유람선, 거대여행사가 아니라 산업전환, 친환경 산업 지원, 의료와 돌봄 인프라 재건에 국가 예산을 써야 한다. 그러나 권력자들은 기존제도를 복원하고 약자들에게 비용을 전가하려고 할 것이다. 생태시민은 "자연환경과 노동자가 부담을 떠안지 않고 재난 이전의 경제성장에서 가장 많은 이익을 뽑아냈던 자들이 부담을 지도록 만들"어야 한다. 야니스 바루파키스(Yanis Varoufakis)는 "사람들의 삶의 전망과 지구를 파괴하는 것들", 예를 들면 디젤 자동차, 독을 내뿜는 농업, 숲을 잠식하는 농장, 독성 강한 금융의 성장을 종식해야 한다고 하면서 "대신 우리는 인류가 필요로 하는 것들" 즉 "녹색 에너지, 돌봄, 교육, 지속가능한 형식의 주택"을 성장시켜야 한다고 주장한다(칼리스 외, 2021).

자연에 대한 인간의 태도에서 즈베이르스의 마지막 모델은 '자연과의 완전한 통합(union with nature)'이다. 이 단계의 생태시민은 자연과 영적 일치를 경험하며 각 주체의 정체성은 자연의 신성한 과정과 합해진다. 이것은 매우 신비롭고 요원한 목표로 여겨진다. 그러나 우리가 일상에서 접하는 영성은 매우 구체적인 것이기도 하다.

영성의 중요한 특징 중 하나는, 모든 존재가 연결되어 있다는 것을 경험 또는 직관을 통해 아는 것이다. 영성은 나와 타인, 나와 자연이 연결되어 있음을 아는 것이다. 만물의 연결성은 경계짓기가 인위적임을 폭로한다. 권력은 경계짓기와 갈라치기로 연명한다. 남성, 여성의 구분도 인위적인 것이다. 권력은 남성도 여성도 아닌 양성구유의 존재를 악마라 하여 처형했다(자케, 2021). 군사정부 시기 장발의 남성은 머리를 강제로 깎였고 현대의 숏컷 여성은 남혐주의자란 의심을 받는다. 권력과 자본은 경계 흐리는 것을 적대한다. 둘째, 영성은 병을 고치는 것이다. 영성은 가장 절박한 사람을 돌본다. 천주교 기도문 중에는 '가장 버림받은 영혼을 돌보소서'라는 구절이 있다. 예수는 기적으로 환자들을 낫게 했고 동학은 병을 고치는 비법을 알려 줬으며 마녀라 불린 여성들은 약초를 써서 사람들을 구했다. 셋째, 영성은 삶과 죽음을 초월하고 영혼의 구원을 지향하므로 지상의 부의 축적에 의미를 두지 않는다. 초기 교회는 단순한 공동체 생활을 했고 불교도 무소유를 강조한다. 대체로 많은 영성 집단이 절제된 생활을 지향하므로 소비를 억제한다. 또한 이것을 널리 전파하려고 하기 때문에 자본주의와 반대의 길을 간다(이나미, 2022b).

지도자로 추앙받는 사람들은 솔선수범하여 소박한 삶을 살아야 한다. 빌딩 몇 채를 가진 것은 매우 부끄러운 일이 되어야 한다. 프란치스코 교황은 호화로운 숙소를 거부하고 호스텔 룸을 선호하며 밤에 자신의 모습을 숨긴 채 노숙자들과 만났다. 전 우루과이 대통령 호세 무히카(Jose Mujica)는 대통령 궁을 거절하고 몬테비데오 외곽에 있는 자신의 소박한 농가에서 살고 급여의 90퍼센트를 기부했다. 경제학자이며 녹색당 후보로 미국 부통령직에 도전했던 위노나 라두크(Winona LaDuke)는 미네소타 지역 인디언 보호구역에서 소박한 삶을 살았다(칼리스 외, 2021).

그러나 다른 한편, 우리는 생태시민성의 조건으로 너무 가혹한 기준을 세울 필요는 없다. 한 개인의 행동이 전적으로 생태적이어야 한다고 하면 오히려 역효과를 일으킬 수도 있다. 벌레가 두려워 농촌살이가 꺼려지는 사람에게 "당신은 생태시민의 자격이 없다"고 비난한다면 우리는 그가 자신이 할 수 있는 방식으로 생태적 실천을 하려는 것조차 포기하게 만들 수 있다. 한 사람의 완전한 채식인보다 열 사람의 불완전한 채식인이 더 생태의 회복에 기여한다고 한다. 그리고 어차피 우리 중 누구도 모든 것을 포기하고 동굴 속에서 살아갈 능력은 없다. 대신 우리는 대안적 삶을 살 수 있게 하는 우리의 능력은 무엇인지 탐색할 수 있다. 칼리스 등은, 볼리비아, 인도, 그리스, 스페인까지 여러 시골, 도시 지역에서 공부하고 살았던 과거를 돌아보건대 한 가지 대답을 제시할 수 있다고 한다. 그것은 "모두 안에서 살아감"과 "자기됨"이다. 이때 실천과 대화 속에서 연결되는 네트워크가 매우 중요하다. 이 네트워크 속에서 작은 변화라도 시도하자는 상호간 격려, 그리고 그러한 변화를 지속하기 위한 조직적 지원, 이것을 비난하고 음해하는 세력의 약화가 가능해진다는 것이다(칼리스 외, 2021). 이는 마치, 인간의 대장 속 미생물의 70퍼센트를 차지하는 기회균이, 유익균이나 유해균 중 더 우세해진 균을 따라, 그 균처럼 기능하는 것과 같을 수 있다. 그러므로 우리는 각자의 자리에서 생태적 변화를 이룰 동료와 만나 네트워크를 만들고 그러한 가운데 '자기됨'을 발견하면서 정의롭고 아름답게 생태시민성을 구현하고 확산시킬 수 있을 것이다.

참고 문헌

강금실 외, 『지구를 위한 법학』, 서울대학교출판문화원, 2020.

강동엽, 「허균과 유토피아」, 《한국어문학연구》 41, 2003.

강미화, 「통일한국의 미래: 친여성적인 생태공동체를 향하여」, 『여성이 만드는 통일한국의 미래』, 생각의나무, 2001.

강상준·유영성, 「기후변화에 따른 부의 변화」, 《이슈&진단》, 2012.

강화정, 「논쟁성에 기반한 역사 수업과 역사교실의 변화」, 《역사교육연구》 38, 2020.

고문현, 「저탄소 녹색성장을 위한 비교헌법적 연구」, 《환경법연구》 32(3), 2010.

고시, 아미타브, 김홍옥 옮김, 『육두구의 저주』, 에코리브르, 2022.

고제규, 「한 표의 힘」, 《시사인》, 2017.5.1.

구도완, 「생태민주주의 관점에서 본 한국 반핵운동」, 《통일과 평화》 4(2), 2012.

구도완, 『생태민주주의』, 한티재, 2018.

구정화, 「공론화를 적용한 사회과 논쟁문제 수업방안」, 《시민교육연구》 52(2), 2020.

권혁범, 「시민운동, 무엇이 필요한가—반성과 모색」, 《사회비평》 26, 2000.

김건우, 『대한민국의 설계자들』, 느티나무책방, 2017.

김남준, 「도덕과에서 환경윤리교육의 내실화 방안: 생태 시민성 논의를 중심으로」, 《도덕윤리과교육》 72, 2021.

김동노, 「시민운동의 정치 참여를 통해 본 시민운동의 성장과 한계」, 《현상과인식》 37(3), 2013.

김동춘, 「시민권과 시민성」, 《서강인문논총》 37, 2013.

김병권, 「시민운동과 연대의 과제」, 《시민과 세계》 17, 2010.

김병연, 「생태시민성 논의의 지리과 환경 교육적 함의」, 《한국지리환경교육학회지》 19(2), 2011.

김병연, 「생태시민성과 생태시민성 교육」, 『생태전환시대 생태시민성 교육』, 푸른길, 2022.

김성찬, 「우리 쌀은 지키고, 우리 밀은 살리고, 우리 콩은 더 먹자」, 《아시아경제》, 2022.1.7.

김소남, 「1970-80년대 원주그룹의 생명운동 연구」, 《동방학지》 178, 2017.

김소영·남상준, 「생태시민성 개념의 탐색적 논의」, 《환경교육》 25(1), 2012.

김연철, 「집권적 농업체제의 개혁」, 《현대북한연구》 5(2), 2002.

김영재, 「그리스도인이 보는 도산 안창호의 리더십」, 《개혁주의 이론과 실천》 창간호, 2011.

김영주, 「조선왕조 초기 공론과 공론형성과정 연구」, 《언론과학연구》 2(3), 2002.

김용휘, 「해월 최시형의 자연관과 생명사상」, 《철학논총》 90, 2017.

김이경, 「1920-30년대 덴마크 폴케호이스콜레의 한국·일본 유입과 분화·변용」, 《동아시아문화연구》 75, 2018.

김정규, 『역사로 보는 환경』, 고려대학교출판부, 2009.

김종민·손다정·남미자, 「경기도 초·중·고등학생 기후위기 행동의 영향요인 분석」, 《교육학연구》 59(4), 2021.

김종철, 『근대문명에서 생태문명으로』, 녹색평론사, 2019.

김찬국, 「생태시민성 논의와 기후변화교육」, 《환경철학》 16, 2013.

김창진, 『퀘벡모델』, 가을의아침, 2015.

김태준, 「허균의 혁신사상」, 《동악어문논집》 33, 1998.

김택호, 『한국 근대 아나키즘문학, 낯선 저항』, 월인, 2009.

김희경, 「생태시민성 관점에서 본 에코맘과 교육적 함의」, 《시민교육연구》 44(4), 2012.

김희경, 「우리나라 생태시민성의 특성 탐색을 위한 경험적 연구」, 《환경교육》 31(1), 2018.

김희경·신지혜, 「생태시민성 관점에서의 환경교과 분석」, 《한국지리환경교육학회지》 20(1), 2012.

김희봉, 「밀레니얼 세대가 인식하는 리더의 역할」, 《리더십연구》 10(4), 2019.

네그리, 안도니오·하트, 마이클, 이승준·정유진 옮김, 『어셈블리』, 알렙, 2020.

도회근, 「사회통합을 위한 국민 개념 재고」, 《저스티스》 134(2), 2013.

《동아일보》, 「공해대책 정부기관 민간단체 대립」, 1987.6.5.

《동아일보》, 「정체성 혼란, 한국魂 어디로 가나—강원용 목사에게 듣는다」, 2005.10.20.

드라이젝, 존 S., 정승진 옮김, 『지구환경정치학 담론』, 에코리브르, 2005.

라종일, 「새로운 세대에게서 새로운 것을」, 『청년을 위한 정치는 없다』, 루아크, 2022.

들뢰즈, 질·가타리, 펠릭스, 김재인 옮김, 『천개의 고원』, 새물결, 2001.

록스트룀, 요한·클룸, 마티아스, 김홍옥 옮김, 『지구 한계의 경계에서』, 에코리브르, 2017.

립튼, 브루스 H.·베어맨, 스티브, 이균형 옮김, 『자발적 진화』, 정신세계사, 2012.

마굴리스, 린·세이건, 도리언, 황현숙 옮김, 『생명이란 무엇인가』, 지호, 1999.

마셜, T. H.·보토모어, T., 조성은 옮김, 『시민권』, 나눔의집, 2014.

《매일경제신문》, 「망국병 비싼 땅값—농지, 도시용지로 개발을」, 2007.4.26.

문순홍, 『정치생태학과 녹색국가』, 아르케, 2006.

박경남, 「정조의 자연·만물관과 공존의 정치」, 《역사비평》 115, 2016.

박길수, 「'호모마스쿠스 시대'를 살아가는 지혜」, 『우리는 어디로 가야 하는가』,

모시는사람들, 2020.

박맹수, 「'녹두장군' 전봉준과 다나카 쇼조의 '공공적' 삶」, 《인문연구》 69, 2013.

박명규, 『국민·인민·시민』, 소화, 2009.

박성용, 『회복적 서클 가이드 북』, 대장간, 2018.

박성진, 「영장류의 사회적 행위를 통한 '정의'의 기원에 관한 연구」, 《철학논총》 95(1), 2019.

박수경·남영숙, 「생태시민성 함양을 위한 중학교 영어과 환경교육 프로그램 개발」, 《환경정책》 28(4), 2020.

박순열, 「생태시티즌십 논의의 쟁점과 한국적 함의」, 《환경사회학연구 ECO》 14(1), 2010a.

박순열, 「한국 생태시티즌십 인식유형에 관한 경험적 연구」, 《환경사회학연구 ECO》 14(2), 2010b.

박영균, 「위험사회와 통일한반도의 녹색비전」, 《시대와 철학》 26(1), 2015.

박영균, 「통일의 녹색비전과 남북의 생태도시협력」, 《시대와 철학》 28(1), 2017.

박윤경, 「정치사회적 이슈 스토리 기반 토론에 대한 초중고 학생들의 반응 분석」, 《시민교육연구》 52(2), 2020.

박의수, 「도산 안창호의 서번트 리더십 연구」, 《교육문제연구》 33, 2009.

박태현, 「기후변화와 인권에 관한 시론」, 《동아법학》 52, 2011.

백영경, 「가족, 차별, 인권」, 『대한민국 인권 근현대사 3』, 국가인권위원회, 2019.

베이트슨, 그레고리, 박대식 옮김, 『마음의 생태학』, 책세상, 2006.

벡, 울리히, 홍성태 옮김, 『위험사회』, 새물결, 1997.

서보혁, 「지구촌의 실존적 위기와 평화」, 《평화담론》 2021-02, 2021.

설규주, 「민주시민교육을 위한 보이텔스바흐 합의의 관점에서 살펴본 2015 개정 사회과 교육과정」, 《시민교육연구》 50(3), 2018.

성민교, 「우리의 질병」, 『우리는 어디로 가야 하는가』, 모시는사람들, 2020.

손봉호, 「한국의 시민운동」, 《철학과 현실》 45, 2000.

손석춘, 「한국 공론장의 갈등구조」, 《한국언론정보학보》 27, 2004.

송유나, 「기후변화·생태위기와 에너지문제」, 《마르크스주의 연구》 7(2), 2010.

송태수, 「한반도 '녹색' 통일 경제체제의 모색」, 『한국에서의 녹색정치, 녹색국가』, 당대, 2002.

송호근, 『시민의 탄생』, 민음사, 2013.

신승철, 「생명위기 시대에서 생태 민주주의의 역할」, 《기억과 전망》 25, 2011.

신승철, 『묘한 철학』, 흐름출판, 2021.

신승철, 「새로운 생명담론과 운동의 이정표」, 모심과살림연구소 기획 세미나 발표문, 2022a.

신승철, 『떡갈나무 혁명을 꿈꾸다』, 한살림, 2022b.

싱어, 피터 외, 유정민 옮김, 『동물의 권리』, 이숲, 2014.

아렌트, 한나, 김선욱 옮김, 『정치의 약속』, 푸른숲, 2007.

안병욱, 「19세기 민중의식의 성장과 민중운동」, 《역사비평》 1, 1987.

안외순, 「다문화시대 동아시아 전통에 기초한 공존 가치」, 《동방학》 38, 2018.

《연합뉴스》, 「기후변화가 테러리스트 키운다?…파리 기후변화총회 앞둔 논쟁」, 2015.11.22.

《연합뉴스》, 「한국, 최근 5년간 무기 수출 세계 9위…한 계단 상승」, 2021.12.20.

《오마이뉴스》, 「'남북 대결' MB·박근혜 때보다 국방비 더 올리겠다니」, 2019.11.16.

《오마이뉴스》, 「"니들도 해적질하잖아" 소말리아 해적의 항변」, 2010.11.20.

《오마이뉴스》, 「"코로나 시대 공공병원 설립 예산 0원, 국방비는 2조 7647억 증액"」, 2020.11.5.

오현철·강대현, 「사회과 '논쟁 문제' 수업 개선을 위한 제언」, 《시민사회와 NGO》 14(2), 2016.

왈쩌, 마이클, 정원섭 옮김, 「자유주의와 자연 공동체」, 『자유주의를 넘어서』, 철학과현실사, 2001.

윌버, 켄, 김명곤·민회준 옮김, 『켄 윌버의 모든 것의 이론』, 학지사, 2015.

유성동, 「우분투 리더십, 교육계에도 기대한다」, 《한겨레》, 2022.3.9.

유정길, 「부엔 비비르, 우분투 사회로」, 《고양신문》 2022.1.14.

윤상혁, 「클라이브 폰팅의 『녹색세계사』로 본 생태전환교육」, 생태적지혜연구소 다시배움터 강의, 2023.

윤여찬·최돈형, 「환경 친화적 소비자 교육이 생태 발자국에 미치는 영향」, 《환경교육》 20(2), 2007.

윤혜린, 「토착성에 기반한 아시아 여성주의 연구 시론」, 《여성학논집》 27(1), 2010.

이경무, 「생태시민성과 『주역』의 생태주의」, 『한국도덕윤리과교육학회 학술대회 자료집』 2019.8.

이나미, 『한국 자유주의의 기원』, 책세상, 2001.

이나미, 「기후변화로 인한 사회적 위기와 공동체의 대응」, 《인문과학》 60, 2016.

이나미, 『한국시민사회사: 국가형성기 1945-1960』, 학민사, 2017.

이나미, 「1980년대 비판과 대안의 한국정치사상: 리영희, 박현채, 문익환, 장일순을 중심으로」, 《정치사상연구》 25(1), 2019.

이나미, 「'화이부동'으로 본 한국 공화주의」, 《동방학》 44, 2021.

이나미, 「젊은 대통령은 어떻게 만들어지는가」, 『청년을 위한 정치는 없다』, 루아크, 2022a.

이나미, 「이단과 여성 학살을 통한 자본의 시초축적」, 《뉴래디컬리뷰》 4, 2022b.

이동기, 「보이텔스바흐로 가는 길」, 『보이텔스바흐 합의와 민주시민교육』, 북멘토, 2018.

이무열, 『전환의 시대, 마케팅을 혁신하다』, 착한책가게, 2019.

이선미, 「민주주의가 젠더 중립적인가?」, 『민주주의 대 민주주의』, 아르케, 2006.

이승준, 「스피노자와 정동의 지도 제작」, 생태적지혜연구소 정동특별팀 강의, 2022a.

이승준, 「브뤼노 라투르와 해러웨이의 공생적 협치」, 생태적지혜연구소 생태민주주의 강의, 2022b.

이영재, 『민의 나라, 조선』, 태학사, 2015.

이영재, 『공장과 신화』, 학민사, 2016.

이우진, 「지구위험시대에 따른 교육의 방향전환」, 《원불교사상과 종교문화》 89, 2021.

이정전, 「기후변화 문제에 대한 다양한 시각과 연구과제」, 《환경논총》 52, 2013.

이종찬, 「동물에서 사회로 사회에서 동물로: 동물보호와 생태시민성」, 『한국환경 사회학회 학술대회 자료집』, 2017. 4.

이주연, 「'은혜'의 지구마음학」, 『지구인문학의 시선』, 모시는사람들, 2022.

이헌창, 「조선시대를 바라보는 제3의 시각」, 《한국사연구》 148, 2010.

이현출, 「사림정치기의 공론정치 전통과 현대적 함의」, 《한국정치학회보》 36(3), 2002.

이효진, 「생태시민 되기: 갈등과 성찰을 중심으로」, 『한국환경교육학회 학술대회 자료집』, 2014. 6.

자케, 샹탈, 정지은·김종갑 옮김, 『몸』, 그린비, 2021.

장석준, 「일제하 18년 수감, 정이형을 아십니까?—아쉽게 꺾인 고려혁명당의 이 상」, 《프레시안》 2017.8.15.

장원순, 「초등사회과교육에서 정치적 판단력 증진을 위한 민주시민교육 접근 법」, 《사회과 교육》 46(1), 2007.

장은수, 「'탐욕의 안개'에 젖은 런던… '끔찍한 괴물' 양극화와 프랑켄슈타인을 낳다」, 《문화일보》, 2021.11.8.

장은주, 「'형성적 기획'으로서의 민주시민교육」, 《한국학논집》 67, 2017.

장일순, 『나락 한 알 속의 우주』, 녹색평론사, 2016.

전병옥, 「생태경제론」, 생태경제포럼 발표문, 2022.

전상숙, 「아나키즘: 일제하 아나키즘의 수용과 '무정부주의'」, 『현대정치사상과 한국적 수용』, 법문사, 2009.

전종덕·김정로,『독일 녹색당/좌파당 강령집』, 백산서당, 2018.

정규호,「도시공동체운동과 협동조합 지역사회 만들기」,《한국학》36(4), 2013.

정상봉,「개인과 공동체의 관계에 대한 유가적 성찰」,《통일인문학》61, 2015.

정상호,『시민의 탄생과 진화』, 한림대학교 출판부, 2013.

정상호,「시민의 탄생과 진화」,《시민과 세계》24, 2014.

정상호,『한국시민사회사: 산업화기 1961-1986』, 학민사, 2017.

정욱식,「문재인의 대선 공약 가운데 가장 잘 지켜진 것은?」,《한겨레》, 2021.12.27.

정은미,「식량주권의 관점에서 본 북한의 유기농업」,《현대북한연구》16(1), 2013.

정철민,「시민성에 대한 교육학적 탐구」,《교육문화연구》25(2), 2019.

정혜정,「민주 사회를 위한 시민교육과 한국적 인문학」,《OUGHTOPIA》32(1), 2017.

조경달, 박맹수 옮김,『이단의 민중반란』, 역사비평사, 2008.

조미성·윤순진,「에너지전환운동 과정에서의 생태시민성 학습」,《공간과 사회》 58, 2016.

조미성·윤순진,「에너지자립마을 소모임을 통해 본 생태시민성 형성과정」,『한 국환경사회학회 학술대회 자료집』2016. 4.

조배준,「생태민주주의 사회와 통일한반도의 탈핵화」,《통일인문학》69, 2017.

《조선일보》,「한국, 세계 8위 무기 수출국…지난 5년간 176% 늘어」, 2022.7.4.

조성환,『한국 근대의 탄생』, 모시는사람들, 2018.

조세현,「동아시아 3국에서 크로포트킨 사상의 수용」,《중국사연구》39, 2005.

조철기,「생태시민성과 생태정의—에너지 시민성과 에너지 정의의 관점에서」, 『생태전환시대 생태시민성 교육』, 푸른길, 2022.

조효제 편역,『NGO의 시대』, 창비, 2000.

조효제,『탄소 사회의 종말』, 21세기북스, 2020.

주성수,『한국시민사회사: 민주화기 1987-2017』, 학민사, 2017.

주요섭, 『전환 이야기』, 모시는사람들, 2015.

《중앙일보》, 「지구 반바퀴 돌아 폭탄 됐다…'죽은 백인의 옷'이 만든 쓰레기 산」, 2021.10.8.

천정환, 『근대의 책 읽기』, 푸른역사, 2003.

최성현, 『좁쌀 한 알』, 도솔, 2004.

최시형, 『해월신사법설』, 천도교 홈페이지.

칼리스, 요르고스 외, 우석영·장석준 옮김, 『디그로쓰』, 산현재, 2021.

코텀, 힐러리, 박경현·이태인 옮김, 『래디컬 헬프』, 착한책가게, 2020.

크리스트, 캐롤 P., 아기데미 할미 옮김, 『다시 태어나는 여신』, 충남대학교출판 문화원, 2020.

페데리치, 실비아, 황성원·김민철 옮김, 『캘리번과 마녀』, 갈무리, 2011.

표영삼, 『동학 1』, 통나무, 2004.

《프레시안》, 「한반도 평화체제, 한반도 중립화로부터」, 2020.8.22.

하승우, 「식민지 시대의 아나키즘과 농민공동체」, 《OUGHTOPIA》 25(3), 2010.

《한겨레》, 「"유럽인들의 아메리카인 대학살이 기후변화 초래"」, 2019.2.3.

《한경뉴스》, 「한국 전통 난방기술 '온돌', 해외선 대접…국내선 푸대접」, 2017.6.11.

한미라·전경숙, 『한국인의 생활사』, 일진사, 2004.

한상운, 「독일통일과정에서의 환경법제 통합과 시사점」, 《환경법연구》 35(2), 2013.

허균, 임형택 옮김, 「호민론」, 한국고전번역원, 1983.

허남진·조성환, 「인간세에서 지구세로」, 『우리는 어디로 가야 하는가』, 모시는 사람들, 2020.

허영식·신두철, 『민주시민교육 핸드북』, 오름, 2007.

홍서영, 「지리교육에서 생태시민성 함양을 위한 아리스토텔레스 프로네시스 개념의 적용」, 《한국지리학회지》 9(1), 2020.

홍승진, 「아감벤은 왜 생명을 잘못 보았나」, 『우리는 어디로 가야 하는가』, 모시
　　는사람들, 2020.

환경과공해연구회, 『공해문제와 공해대책』, 한길사, 1991.

황인수·정태용, 「대통령의 불행과 리더십 문제」, 『한국의 불행한 대통령들』, 파
　　람북, 2020.

황종원, 「최시형 '식(食)' 사상의 종교생태학적 의의」, 《신종교연구》 26, 2012.

휴어 주니어, 리처즈·퍼슨, 랜돌프 H., 이길규·김유은·김병남·허태회 옮김, 『구
　　조화 분석기법』, 박영사, 2016.

EBS 다큐프라임 제작진·유규오, 『민주주의』, 후마니타스, 2016.

MBC, 〈신동호의 시선집중〉.

《YTN 뉴스》, 「점점 더워지는 한반도, 품종 개발 서둘러야」 2015.9.29.

Barbour, Ian G., *Technology, Environment, and Human Values*, New York: Praeger
　　Publishers, 1980.

Barry, J., *Rethinking Green Politics*, London: Sage, 1999.

Barry, J., "Vulnerability and virtue: Democracy, dependency and ecological
　　stewardship," Minteer, B. A. & and B. P. Taylor (eds.), *Democracy and the
　　Claims of Nature*, Oxford: Rowman and Littlefield, 2002.

Barry, J., "Resistance is fertile: From environmental to sustainability
　　citizenship", Dobson, A. & D. Bell (eds.), *Environmental Citizenship*,
　　Cambridge: MIT Press. 2006.

Christoff, P., "Ecological citizens and ecologically guided democracy",
　　Doherty, B. & M. de Geus (eds.), *Democracy and Green Political Thought:
　　Sustainability, Rights and Citizenship*, New York: Routledge, 1996.

Curtin, D., *Chinnagounder's Challenge: The Question of Ecological Citizenship*,
　　Bloomington: Indiana University Press, 1999.

Curtin, D., "Ecological citizenship", Isin, E. F. & B. S. Turner (eds.), *Handbook* of *Citizenship Studies*, London: Sage Publication, 2002.

Dean, Hartley, "Green Citizenship", *Social Policy & Administration* 35(5), 2001.

Dobson, A., *Citizenship and the Environment*, New York: Oxford University Press, 2003.

Dobson, A., "Ecological Citizenship: A Defence", *Environmental Politics* 15(3), 2006.

Dryzek, John S., *The Politics of the Earth*, Oxford University Press, 2005.

Haraway, Donna J., *Staying with the Trouble: Making Kin in the Chthulucene*, Durham and London: Duke University Press, 2016.

Haughton, G., "Environmental justice and the sustainable city", *Journal of Planning Education and Research* 18(3), 1999.

Hayward, T. "Ecological Citizenship", *Environmental Politics* 15(3), 2006.

Jones, David S., "Virgin Soils Revisited", *Williams and Mary Quarterly* 60, no. 4, 2003.

Karatekin, Kadir, "Ecological Citizenship Scale Development Study", *International Electronic Journal of Environmental Education* 8(2), 2018.

Luque, E., "Researching environmental citizenship and its publics", *Environmental Politics* 14(2), 2005.

Passmore, J., *Man's Responsibility for Nature: Ecological Problems and Western Traditions*, London: Duckworth, 1974.

Rolston III, Holmes, "Environmental Ethics", *The Blackwell Companion to Philosophy*, Oxford: Blackwell Publishing, 2002.

Salisbury, Neal, *Manitou and Providence: Indians, Europeans, and the Making of New England, 1500~1643*, New York: Oxford University Press, 1982.

Smith, M., *Ecologism: Towards Ecological Citizenship*, Buckingham: The Open University Press, 1998.

Smith, M., "Ecological citizenship and ethical responsibility: Arendt, Benjamin and political activism", *Environments* 33(3), 2005.

Stannard, David E., *American Holocaust: The Conquest of the New World*, Oxford: Oxford University Press, 1992.

Steenbergen, Bart Van, *The Condition of Citizenship*, London: Sage, 1994.

Steward, F. "Citizens of Planet Earth", in G. Andrews (ed.) *Citizenship*, London: Lawrence and Wishart, 1991.

Thomashow, M. *Ecological Identity*, Cambridge: MIT Press, 1995.

Van Den Born, Riyan J. G., *Thinking Nature*, Radboud Repository of the Radboud University Nijimegen, 2017.

Williams, Michael, *Deforesting the Earth: From Prehistory to Global Crisis*, Chicago: University of Chicago Press, 2006.

Wynes, Seth and Nicholas, Kimberly A., "The climate mitigation gap: education and government recommendations miss the most effective individual actions", *Environmental Research Letters* 12, 2017.

그린풋 02
생태민주주의 시리즈

생태시민으로 살아가기

1판 1쇄 발행 2023년 2월 25일

지은이 이나미

디자인 김서이
펴낸이 조영남
펴낸곳 알렙

출판등록 2009년 11월 19일 제313-2010-132호
주소 경기도 고양시 일산서구 중앙로 1455 대우시티프라자 715호
전자우편 alephbook@naver.com
전화 031-913-2018　**팩스** 02-913-2019

ISBN 979-11-89333-56-0　93300

이 저서는 2022년 대한민국 교육부와 한국연구재단의 지원을 받아 수행된 연구임
(NRF-2022S1A5A2A03055235).